마주이야기,
아이는 들어주는 만큼
자란다

| 일러두기 |

- 이 책에 나오는 마주이야기와 그림은 아람유치원 아이들 마주이야기와 그림입니다. 부가 시작되는 곳에 쓴 그림은 차례대로 일곱 살 김성근, 일곱 살 김도현, 일곱 살 이규태, 여섯 살 권환희, 여섯 살 한상현, 일곱 살 유승주, 여섯 살 김하은, 여섯 살 이준모 그림입니다. 다른 마주이야기와 그림은 본문에 이름을 밝혔습니다.
- 아이들 마주이야기는 띄어쓰기만 고치고 입말은 그대로 살렸습니다.
- 아이들 인격을 보호하기 위해서 몇몇 아이들 이름은 바꾸었습니다.

마주이야기,
아이는 들어주는 만큼
자란다

박문희 글

보리

| 추천하는 말 |

아이들 말에 귀 기울이는 것이
교육의 시작입니다

　지금 우리 아이들 열 명 가운데 네 명은 제왕 절개로 태어나고, 열 명 가운데 아홉 명은 엄마 젖 대신 소젖을 먹고 자랍니다. 자라면서는 밥 대신 가공식품과 패스트푸드에 길들여지고 과자, 탄산음료, 고기를 많이 먹습니다. 그래서 아이들은 감기, 천식, 치아 질환, 소아 비만, 소아 당뇨, 알레르기, 아토피 피부염 따위 병에 시달리고 있습니다. 체질도 산성으로 바뀌어 정서는 아주 거칠고 산만해졌으며, 불안, 신경증, 스트레스 같은 마음의 병도 늘고 있습니다.

　이처럼 아픈 아이들의 몸과 마음과 영혼을 우리들은 얼마나 잘 돌보고 있을까요? 우리 아이들은 아주 어릴 때부터 부모의 욕심에 떠밀려 온갖 것들을 배우기 시작합니다. 한글, 숫자, 영어, 한자, 악기, 독서, 논술까지 부모가 정한 목표에 맞춰 이것저것 억지로 배우느라 숱한 사교육 시장을 떠돕니다. 경쟁에 뒤처지지 않는 똑똑한 아이기 되어야 하기 때문입니다. 그래서 아이들은 자연과 놀이와 아이다움을 잃어버린 채 몸과 마음과 영혼이 병든 아이로 자라고 있습니다.

　아이들이 병들어 있는 것을 어떻게 알 수 있을까요? 아이들 말에 귀를 기울이면 됩니다. 무엇을 가르치려고만 들지 말고 아이들이 하고 싶어서 쏟아내는 말들, 그 말에 귀 기울여야 합니다. 박문희 선생님의 마주이야기 교육이 중요한 까닭이 바로 여기에 있습니다.

박문희 선생님은 아이들이 하는 말을 들어주고 또 들어주자고 주장합니다. 어찌 보면 아주 간단하고 쉬워 보이지만, '가르치기'에 익숙한 요즘 부모와 교사들에게는 오히려 낯선 방법일지도 모릅니다. 그렇기에 박문희 선생님이 말하는 '들어주기'의 가치는 더욱 크다고 생각합니다.

박문희 선생님의 '들어주기' 교육은 아이들에게 자유를 줍니다. 아이들이 말하고 싶은 것을 말하고 싶을 때 할 수 있는 자유입니다. 아이들이 모여 노는 곳은 언제나 시끌시끌합니다. 옹기종기 모여 재잘거리는 소리, 웃는 소리, 놀려 대는 소리, 우는 소리, 핏대를 세우며 우겨 대는 소리도 있습니다. 그렇게 마음껏 웃고, 울고, 싸우고, 말하면서 아이들은 자신을 표현하고, 세상을 배워 갑니다.

그런데 언제부터인가 우리 아이들은 말할 시간도, 말할 자리도 다 빼앗겨 버렸습니다. 아이들 자리에 감독하는 어른들이 등장했고, 아이들은 늘 조용히 있도록 지시받았습니다. 이런 아이들에게 자유를 돌려주고 하고 싶은 이야기를 마음껏 하도록 한 것이 바로 박문희 선생님이 말하는 마주이야기 교육입니다. 아이들 목소리에 귀 기울이는 것이야 말로 아이의 본성을 따르는, 교육의 시작입니다.

마주이야기 교육의 바탕에는 아이들에 대한 강한 믿음이 있습니다. 요즘은 어른들이 아이들 말을 들어주는 것이 아니라 아이들이 오히려 어른들 말을 들어주는 처지에 있습니다. 교육이라는 이름으로 어른들만 말하고 아이들은 듣기만 합니다. 때로는 말을 안 듣는다고 야단도 많이 맞습니다. 이런 때에, 아이들 말을 들어주고 또 들어주는 마주이야기 교육은 매우 중요합니다. 이것은 아이들에 대한 강한 믿음 없이는 가능하지 않습니다. '들어주기'는 아이의 능동성과 생명력을 믿고, 그것을 교육의 시작으로 삼고자 하는 겸손한 교육입니다.

'들어주기'에 담긴 또 다른 큰 뜻은 바로 관심과 사랑입니다. '들어주기'는 혼자서는 가능하지 않습니다. 말하는 사람이 있으면 들어주는 사람도 있어야지요. 들어주는 사람의 관심과 사랑이 말하는 사람을 더욱 신나게 합니다. 관심과 사랑으로 이야기는 이어지고, 재미와 감동이 어우러진 속에서 두 사람은 서로 이해하고 사랑하게 됩니다. '들어주기'는 교육의 시작이자 마무리인 사랑을 실천하는 첫걸음입니다.

2009년 3월 임재택

| 머리말 |

아이들이 배울 것은
마주이야기 속에 다 있습니다

　마주이야기 교육을 시작한 지 벌써 17년이 되었습니다. 마주이야기 교육은 아이들 말을 으뜸 자리에 놓고 하는 교육이지요. 그동안 낮에는 유치원에서 아이들 말을 들어주고, 새벽에는 아이들 마주이야기 공책을 읽었습니다. 아이들 말을 읽다 보면 아이들한테 하고 싶은 말이 많아집니다. 그래서 아이가 더 잘 자라기를 바라는 마음으로, 마주이야기 공책에 제가 하고 싶은 말을 덧붙이기도 합니다. 새벽 네 시에 아이들 말을 읽다가 그만 "하하하!" 웃어서 우리 집 앞을 지나가던 사람들이 놀랐을지도 모른다는 생각이 드네요.

　네 살 권용준이 엄마랑 한 마주이야기입니다. "엄마 업어 줘." "안 돼, 너 무거워서 안 돼." "엄마, 나 업어 줘잉." "너 맞고 업힐래, 안 맞고 안 업힐래?" 권용준이 한참 생각하더니 "어, 안 맞고 업힐래." 합니다. 하하하!

　일곱 살 김민경 할머니가 "너는 손이 없나 발이 없나. 왜 못 때리고 맨날 울고 들어오나 말이다. 엉?" 하니까, 민경이가 손과 발을 번갈아 보더니 "할머니, 난 때리는 손 없어잉." 합니다. 어쩜 이렇게 마음까지 가꾸면서 자랄까!

일곱 살 조은성이가 "엄마, 종찬이가 형아들한테 맞았어요. 종찬이가 형아들한테 '야!' 그래서요. 그런데 '야!' 한 사람이 나빠요, 아니면 때린 사람이 나빠요? 내 생각에는 종찬이가 먼저 나쁘고 형아들도 잘못한 거 같아요. 말로 해도 되는데." 합니다. 맞아 맞아. 말로 해도 되는데.

민경이가 "난 때리는 손 없어잉." 하고 은성이는 "말로 해도 되는데." 합니다. 이런 말을 들으면 어른들도 이렇게 감동스러운데 그 또래들이야 얼마나 더 알아듣기 쉽고 재미있겠습니까! 아이들 말 속에 그 또래들이 알아야 할 것들이 다 들어 있습니다. 어른들이 가르치고 또 가르쳐도 안 되던 문제들이 아이들 말로 하면 쉽게 풀립니다. 이렇게 아이들 말을 으뜸 자리에 놓고 아이들을 만나니 아이들에게 억지로 가르쳐야 할 게 없습니다. 이렇게 억지로 가르칠 게 없으니 가르친다는 말을 할 일이 없습니다.

아이들 말은, 그동안 보고 듣고 느끼고 생각하고 경험한 것을 마음속 깊이 받아들여 삭이고 또 삭여서 나온 소리이기에 감동스럽습니다. 아이들 말이 깊이가 있는 만큼 또래들은 깊은 감동으로 받아들입니다.

아이들뿐 아니라 저도 민경이와 은성이 마주이야기를 읽은 뒤로 때릴 일이 있으면 민경이 말에 깊이 감동을 받은 만큼 '나도 때리는 손 없어.' 합니다. 그리고 은성이 말처럼 '말로 해도 되는데.' 하면서 살고 있습니다.

아이들이 배울 것은 마주이야기 속에 다 있습니다. 그래서 마주이야기를 하는 교육 기관에서는 아이들 말이 그대로 교육 과정이 됩니다. 아이들은 또래 마주이야기를 들으면 "재밌다." 합니다. 아주 맛있는 것을 먹으면서 "맛있다." 할 때처럼 그렇게 재미있다고 합니다. 아이들이 이렇게 마주이야기 교육을 재미있다고 하면서 즐겁게 자라는 것을 보는 엄마, 아빠, 선생님들도 모두 즐겁기만 합니다.

 아이들 모두가 이렇게 즐겁게 자랐으면 하는 마음으로, 저는 지금도 저 아래 제주도부터 저 위 속초까지 안 가는 곳 없이 마주이야기를 들려주러 다닙니다. 앞으로도 어떻게 하면 아이들 말을 더 잘 들어줄 수 있을까를 알아내면서 더 열심히 마주이야기 교육을 할 것입니다. 이런 보물 같은 교육, 살아 있는 마주이야기 교육을 유아 교육 기관에서만이 아니고 집에서도, 초등학교와 중학교에서도 또 작은 모임에서도 같이 했으면 합니다.

 그리고 꼭 '마주이야기'라는 우리말을 써야 교육의 길이 보이지 한자말 '대화', '언어 상호 작용' 이런 말을 갖다 붙이면 어울리지도 않을 뿐더러 교육의 길이 오히려 막힙니다. 우리말이 우리 교육의 힘입니다. 우리말이 우리 교육이 가는 길을 밝힙니다. 마주이야기로 하는 감동 교육이 경쟁 교육으로 거칠어지고 지쳐 쓰러져 죽어 가는 아이들을 살리는 길입니다.

2009년 3월 박문희

차례

추천하는 말
아이들 말에 귀 기울이는 것이 교육의 시작입니다 임재택 4

머리말
아이들이 배울 것은 마주이야기 속에 다 있습니다 박문희 7

1부 마주이야기 교육이 뭐예요?

마주이야기 교육이 뭐예요? 16
글자, 빨리 깨친들 무슨 소용이 있나요? 24
영어, 꼭 가르쳐야 하나요? 30
유치원에 부는 영어 바람 35
특기 교육 뭐 해요? 44
교실에 왜 아무것도 없어요? 48
일과 공부와 놀이는 따로따로가 아닙니다 54
아이들 말을 잡아먹는 거짓말 교육 58

2부 아이들 말이 가득한 마주이야기 유치원

유치원 들어가기
나 유치원 안 다닐래   64
유치원 옮겨 다니는 아이들   69

마주이야기 공책 쓰기
마주이야기 공책은 어린 시절 역사책   74
안 돼! 다른 애들이 알면 창피해   79

선생님과 아이 사이
아까부터 기다렸다는 듯 맞아 주세요   86
왜 선생님 마음대로 해요?   90
아이들도 선생님을 평가합니다   95

동무 사귀기
또래가 가장 좋은 선생님   100
동무를 경쟁자로 키우는 잘못된 교육   104

밥상 차리기
내일은 누구 마주이야기로 밥 먹어요?   110

마주이야기 시 교육
아이들 말은 모두 '살아 있는 시'   116
시 쓰기, 가르치지 마세요   120

아이들 말이 공부거리
또래 마주이야기로 하는 공부   126

아이들끼리 하는 숫자 공부   131
마주이야기로 하는 지리 공부   135
아이들 말로 '말하기 공부'   139

내 손으로 만들고 그리기
이거 봐요, 이거! 내가 만들었어요   144
아이들 그림은 '소리 없는 말'   150

나들이
아이들 말로 떠나는 나들이   156
오늘 나들이에서 나쁜 일이 있었어   159

마주이야기 큰잔치
마주이야기 큰잔치 언제 해요?   164
아이들 말과 몸짓으로 풀어내는 잔칫날   169

졸업 잔치
아이들 모두가 주인공인 졸업 잔치   174

3부 부모와 아이가 함께 크는 마주이야기

엄마, 아빠가 하는 숙제
엄마, 왜 마주이야기 공책 안 써?   182
아빠가 써야지, 왜 엄마가 써?   186

쓸모 많은 마주이야기 공책
마주이야기로 쓰는 일기   192
또래 마주이야기 들려주기   197

아이 마음 풀어 주기
난 아빠 없이 살 수 있어!   204
엄마가 혼내도요, 나는 엄마 예뻐요   208
엄마는 오래 살아도 나는 오래 못 살아   212

당당하게 자라는 아이들
어른들은 맞장구만 치면 돼요   216
말대꾸하는 아이가 시원하게 자랍니다   220
나도 이제 '요' 자 안 붙일래요   224
여자들은 왜 일만 하고 제사 안 지내요?   228
나 작은 차 기사님 될 거야   233

덧붙임
'마주이야기'가 궁금해요   240

1부

마주이야기 교육이 뭐예요?

마주이야기 교육이 뭐예요?

마주이야기 교육은 아이들 말이 교육 과정이 되는 교육입니다. 말! 아이들 입에서는 날마다 말이 터져 나옵니다. 아이들은 자라면서 답답하고 억울하고 분할 때, 즐겁고 재미있고 감동스러울 때, 누가 말을 시키지 않아도 묻지 않아도 하고 싶어 견딜 수 없어서 말이 터져 나옵니다.

마주이야기 교육은 이렇게 아이들 입에서 터져 나오는 말을 들어주고 알아주고 감동해 주는 교육입니다. 아이들 말은, 아이들이 세상에 태어나서 지금까지 보고, 듣고, 느끼고, 생각하고, 경험한 것으로 가득합니다. 그래서 아이들 말은 아이들의 모든 것입니다. 이렇게 마주이야기 교육은 아이들의 모든 것인 아이들 말을 어떻게 하면 더 들어줄 수 있을지를 알아내면서 아이들 말로 모든 교육을 하고 있습니다.

아이들 말을 더 들어주려고 아이들 말로 점심밥을 해 먹고, 아이들 말로 나들이를 가고, 아이들 말로 사람 됨됨이 교육부터 국어, 산수, 사회, 자연, 미술, 음악, 체육 교육까지 하고 있습니다. 이렇게 그 나이에 알아야 할 것들, 앞으로 살아가는 데 알아야 할 것들을, 다 아이들 말로 공부하고 있습니다.

아이들 말을 들어주고 알아주고 감동해 주는 교육을 하면, 아이들이 속 시원하게 자라고, 그 시원한 기분은 즐거운 자신감으로 쌓여 갑니다. 즐거움으로 쌓이고 쌓인 자신감은 하고 싶은 것들로 가득 차오르고, 아이들은 스스로 하고 싶은 것을 하고 싶은 만큼 해내면서 자랍니다.

저는 아이들 말이 교육 과정이 되는 마주이야기 교육을 20년 가까이 해 오고 있습니다. 마주이야기 교육으로 받은 감동을 교육 잡지 이곳저곳에 쓰고 또 마주이야기 교육을 알고 싶다는 곳은 어디든지 달려가서 알려 드리고 있습니다. 마주이야기를 아주 감동스럽게 받아들인 많은 분들이, "마주이야기 교육은 어느 나라 교육 방법이에요? 누가 만들었어요?" 하고 묻습니다.

우리 교육은, 더군다나 유아 교육에서 하는 교육 방법은 거의 다, 아니 모조리 다 외국에서 들어온 교육 방법이니까 아예 마주이야기 교육도 다른 나라 어떤 사람이 만들어서 펼치는 교육으로 알고 묻습니다. 그러나 마주이야기 교육 방법은 한국글쓰기교육연구회에서 나왔습니다. 그러니까 우리나라에서 나온 교육 방법입니다.

1986년 아주 추운 겨울날, 저는 한국글쓰기교육연구회에서 이오덕 선생님을 처음으로 만났습니다. 글쓰기 공부 모임을 우리 유치원에서 얼마 동안 했는데, 그때 교실을 둘러보시던 이오덕 선생님이 '적목 쌓기'라고 써 놓은 글자를 가리키며 "박 선생님, 이거 우리말로 읽어 보세요. 우리말이 있는데, 왜 아이들한테 어려운 한자말을 쓰지요?" 하셨어요. 그 뒤로 이오덕 선생님의 맑디맑은 교육 정신이 담긴 책을 빠짐없이 읽었습니다. 《시정신과 유희정신》(굴렁쇠), 《우리글 바로 쓰기》(한길사)를 읽으면서, '아! 유아 교육에서 쓰는 말이 다 한자말과 다른 나라 말로 되어 있는 것은 유아 교육자들의 열등의식에서 나왔구나.' 하는 생각을 하게 되었습니다.

그 뒤에 《우리 문장 쓰기》(한길사)를 읽었습니다. 600쪽이나 되는 아주 두꺼운 책입니다. 선생님은 이 책에서 우리가 삶을 잃어 버려서 주고받는 말도 잃었다면서 "우리가 어떻게 하면 주고받는 말을 되찾을 수 있을까?" "말을 가장 잘 옮겨 놓은 글은 마주이야기다. 마주이야기가 들어 있기에 글이 살아난다." 하면서 마주이야기, 마주이야기 하셨는데요. '마주이야기'는 우리말입니다. 한자말로는 우리가 흔히 쓰는 '대화'라고 하지요. 그리고 교육 전문가들이 쓰는 어려운 말로는 '언어 상호 작용'이라고 하고요.

그럼 내친김에 《우리 문장 쓰기》에서 '마주이야기'라는 말이 나오는 곳을 몇 단락 같이 읽어 보기로 해요.

어떻게 하면 근사한 글이 되도록 쓸까 하고 생각할 것이 아니라, 어떻게 하면 말이 될까, 살아있는 말이 되도록 쓸까 하고 생각해야 하는 것이다. 지금 우리가 읽고 있는 글 가운데서 말을 가장 잘 옮겨 놓은 글, 아니, 말을 그대로 적었다고 할 수 있는 글이 소설이나 동화에 나오는 마주이야기(대화)다. 《우리 문장 쓰기》 33쪽

우리가 주고받는 말을 잃었다는 것은 삶을 잃었다는 것이다. 어른도 아이도, 심지어 유치원에 다니는 아기 때부터 삶을 잃어 버렸다. 삶이 없으

니 말을 주고받을 수 없다. 삶을 빼앗긴 모든 사람은 그저 주는 말만 듣고, 이야기만 듣고, 노래만 듣고 기계같이 움직인다. 언제나 그렇게 하다 보니 그렇게 듣기만 하는 이야기나 노래가 마치 자기표현인 것처럼 착각하게도 된다. 바로 노예가 된 상태에 이른 것이다. 우리가 어떻게 하면 주고받는 말을 되찾을 수 있을까? 살아 있는 우리들의 말, 인간의 말을 할 수 있을까? 그 길은 단 하나뿐이다. 삶을 찾아 가지는 것이다. 기계가 되지 말고, 돈의 노예가 되지 말고, 사람답게 살아가는 것이다. 아이들을 서로 다투고 해치고 잡아먹게 하는 지옥에서 살려 내는 일이다. 이렇게 해서 주고받는 말을 하고, 살아있는 말을 찾아내어 그것을 글로 써야 한다. 그래서 글을 살려 낸 다음에는 다시 글이 횡포를 부리지 않도록, 글이 말의 위에 있는 것이 아니라 말의 밑에 있도록, 말을 살리고 말에 봉사하는 글이 되도록 해야 한다. 인간을 위해 글을 써야 한다는 말이다. 《우리 문장 쓰기》 54쪽)

아, 이럴수가! 이렇게 시원하게 교육의 길을 밝히다니! 우리 교육이 그때나 지금이나 마찬가지지만, 아이들 말을 잡아먹는 거짓 글을 얼마나 기계처럼 외우게 합니까! 웅변, 동화 구연, 동시 낭송을 할 때 다 그렇지요. 아이들이 주고받는 말을 못 하게 하고, 그저 듣게만 했지요? 집에서는 "학교 가서 선생님 말씀 잘 듣고 와." 하고, 학교 가면 "선생님 말 잘 늘어. 너, 선생님 말 안 듣고 뭐 해?" 이렇게 듣기만 하다가 집에 오면 또 "너 왜 그렇게 엄마 말 안 듣니? 엄마 말 안 들으려면 집 나가!" 이렇게 아이들은 가나오나 어른들 말을 듣기만 해야 하지요. 이렇게 아이들은 말을 빼앗기고 삶을 빼앗기고 그저 어른들이 주는 말만 앵무새처럼 외우면서 시들어 가고 있는데도 우리 교육은 이런 교육이 가장 좋은 교육인 양 떠들고 있지요.

이오덕 선생님이 한 말씀을 속으로 되뇌어 봅니다. '말을 가장 잘 옮겨 놓은 글이 마주이야기다. 마주이야기가 들어 있기에 글이 살아난다. 글을 살려 낸 다음에는 글이 횡포를 부리지 않도록, 글이 말 위에 있는 것이 아니라 말 밑에 있도록, 말을 살리고, 말을 살리고, 말을 살리고······.' 이러면서 곧바로 유치원 아이들 수만큼 공책을 사서 겉장에, '아이들 말을 귀담아 들어주면서 엄마, 아빠, 선생님이 쓰는 마주이야기 공책' 이렇게 써서 집으로 보냈지요. 아이들 말을 살리고 삶을 살려 사람답게 자라게 하려고 한 교육입니다. 오랫동안 안개 속에서 헤매다가 제대로 된 교육의 길을 찾아 나선 길입니다.

우리말, 쉬운 우리말 '마주이야기'가 교육의 길을 밝혔습니다. '대화' '언어 상호 작용' 이런 말로 공부를 할 때는 거짓 교육으로 겉돌기만 하던 것이 '마주이야기'로 하니까 교육의 길이 밝혀진 거지요.

처음으로 '마주이야기'라는 말을 걸고 아이들을 만난 날입니다. 아이들의 살아 있는 말이 담긴 마주이야기 공책을 받아 읽습니다. 말을 가장 잘 옮겨 놓은 글, 마주이야기를 읽습니다. 일곱 살 오정아 마주이야기입니다.

    엄마 : 정아야, 일곱 살인데 인형만 가지고 놀면 어떻게 해.

    정아 : 동생이 없으니까 그렇지.

    엄마 : 옆집 수정이 있잖아.

정아 : 수정이는 밤이 되면 가야 하잖아. 이불 위에서 놀 수 있는 동생 낳아 줘.
엄마 : 동생 있으면 엄마는 동생만 예뻐해 줄 텐데 그래도 좋아?
정아 : 엄마는, 동생은 내가 예뻐해 줄 테니까 엄마는 나만 예뻐해 주면 돼.

하하! 동생은 있어야 하지만, 동생은 정아가 예뻐해 줄 테니까 엄마는 정아만 예뻐해 주면 된다고 하지요? 정아 생각이 가득 들어 있는 살아 있는 말입니다. 다음은 일곱 살 권현지 마주이야기입니다.

엄마 : (장롱 정리를 하다가 언니 옷이 나오니까) 이 옷 언니한테 작겠다. 현지야! 이리 와서 언니 옷 좀 입어 봐. (옷을 입혀 놓고는) 아유, 우리 현지 많이 컸네. 뒤돌아 봐. 딱 맞네. 맞춤이야 맞춤. 여기 단추 떨어진 거나 꿰매 달고, 이 미역 줄거리 같은 거나 걸어 달면 올 겨울에 따뜻하게 입을 수 있겠네! 아니, 근데 언니 옷을 너 주고 나니까 언니가 입을 옷이 마땅치 않다. 음, (언니 방 쪽에다) 현정아! 니 옷 현지 주고 나니까 니가 입을 옷이 마땅치 않다. 날씨도 이렇게 아침저녁으로 쌀쌀해지는데……. 오늘 아예 니 옷 사러 가자.
현지 : (주춤거리면서) 엄마아, 나두 언니 옷 사러 가는 데 따라가면 안 돼?
엄마 : 그래, 너도 언니 옷 사러 가는 데 같이 가자.

옷 가게 주인 : 누구 옷 사러 오셨어요?

엄마 : (턱으로 언니를 가리키면서) 쟤 옷 사러 왔어요.

옷 가게 주인 : (눈대중으로 대충 언니 키를 재 보더니) 내년까지 입으려면 좀 낙낙해야 되겠지요?

엄마 : 아니요. 딱 맞는 걸로 주세요. 작아지면 지 동생 주죠 뭐.

언니 : (옷을 만져 보고 대보기도 하면서 엄마한테) 엄마, 이 옷 어때? (아줌마한테) 아줌마 이 옷 얼마예요?

현지 : (언니처럼 옷을 만져 보기도 하고 대보기도 하면서) 엄마아, 이 옷 어때에? 아줌마 이 옷 얼마예요오?

언니 : (옷 고르는 현지를 못마땅해하면서) 어마 얘는, 니 옷 사는 것도 아닌데 왜 일어나서 설치고 난리여.

현지 : (언니가 하는 말을 듣고. 아주 천천히 또박또박) 언니이, 언니가 입다 작아지면 내가 입을 거니까 내 맘에도 들어야 돼.

아, 이 감동을 어찌할 것인가! 지금까지 언제나 언니는 새 옷 입고 또 마음에 드는 옷 입고, 현지는 헌 옷 입고 또 마음에 들지 않는 옷 입고 그랬겠지요? 문제지요. 그냥 지나칠 일이 아니지요. 언니는 새 옷 입어라 이거지요. 그렇지만 현지가 물려받을 옷이니까 현지 마음에도 들어야 된다는 말이지요. 현지가 한 이 말은 그동안 보고, 듣고, 느끼고, 생각하고, 경험해서 한 말입니다. 현지의 모든 것이 담긴 말입니다. 이런 살아 있는 말이 마주이야기 교육을 하면서부터 쏟아져 나옵니다. 아이들마다 이렇게 감동스런 말이 쏟아져 나옵니다.

그런데 지금까지 이렇게 감동스러운 아이들 말을 다 버리고 죽어 있는 말만 가지고 교육을 했습니다. 말을 가장 잘 옮겨 놓은 글, 마주이야기로 교육을 하니, 말이 살아나고 교실이 살아나고 아이들이 살아나서 감동으로 가득 차고 넘칩니다.

이런 아이들 말을 더 들어주고 알아주고 감동해 주려고 아이들과 정아 말, 현지 말로 이야기를 나누었습니다. "애들아, 동생은 내가 예뻐해 줄 테니까 엄마는 나만 예뻐해 주면 돼. 이 말은 누가 했지?" "오정아요." "그럼 또, 언니가 입다 작아지면 내가 입을 거니까 내 맘에도 들어야 돼. 이 말은?" "권현지요."

이렇게 하다 보니 아이들 감동스런 말 속에 아이들이 안고 있는 문제가 무엇이고, 문제를 어떻게 풀어야 하는지 다 들어 있습니다. 그 또래가 알아야 할 모든 것이 아이들 말 속에 다 있습니다. 이렇게 마주이야기 교육은 아이들이 주인공인, 아이들이 이끌어 가는 교육입니다.

글자, 빨리 깨친들 무슨 소용이 있나요?

아이를 입학시키러 유치원에 들어선 엄마, 아빠들은 언제나와 마찬가지로 "여기서는 뭐 가르쳐요? 글자 가르쳐요? 우리 아이는 글자를 모르는데." 하면서 글자, 글자 합니다. 유치원과 어린이집에 다니는 아이들을 놓고, 글자를 얼마나 빨리 깨우치느냐에 따라 앞으로 평생 하고 살아야 할 공부를 잘할 수 있느냐 없느냐를 가늠하기 때문입니다. 하지만 아무리 글자를 빨리 깨친들 무슨 소용이 있나요? 일곱 살 때 글자 모양을 애써 깨친 수준에 평생 머물러 글벙어리로 살아가는 아이들이 대부분인데요.

아이들은 말할 게 많고도 많아서, 쓸 거리도 많고도 많습니다. 그런데 가르치려고만 드는 어른들이 아이들 말은 쓸데없는 말이라 여겨, 집 밖으로 교육 밖으로 다 버리면서부터 아이들은 말할 것도 쓸 것도 없어져 버렸습니다. 아이들이 글벙어리가 된 까닭은 아이들 말을 다 버려서 그렇습니다. 버렸던 아이들 말을 집 안으로 교실 안으로 끌어들여야 합니다.

그럼 아이 말을 잘 들어주는 것을 으뜸으로 하는 마주이야기 교육으로 자라는 아이들을 만나 볼까요?

여섯 살 김하은이는 시장 보러 가기 전에 엄마가 "뭐 살까?" 하면서 살 물건들을 적으려고 하니까, "엄마, 내가 쓸게. 내가 쓰고 싶어." 합니다. 엄마가 "고구마도 사야 하고……." 하니 얼른 '고구마' 이렇게 쓰고는 "엄마, 나 참하게 잘 썼지? 어떤 글자가 가장 참하게 잘 쓴 거 같아?" 합니다.

또 여섯 살 이광진이는, "누나는 글씨 어떻게 배우게 되었어? 나두 누나처럼 글씨 잘 쓰고 싶어. 나두 노력해서 누나보다 글씨 더 잘 쓸 거야." 하고, 일곱 살 송주경이는, "난 글씨를 예쁘게 쓰려고 하면 너무 느리게 써져. 언니는 글씨를 되게 되게 빨리 예쁘게 쓰는데. 나두 언니처럼 글씨를 빨리 예쁘게 쓰고 싶어." 합니다. 이렇게 아이들은 글자를 쓰고 싶어 합니다.

이번에는 글자를 한 자도 모르는 네 살 김진우를 만나 볼까요? 진우가 "엄마, 학교 가지 마." 하니, 엄마가 "엄마 학교 가야 돼!" 합니다. 진우가 '으앙!' 하고 울면서 "돈 벌려고?" 합니다. 엄마가 "응." 하니, 진우가 아빠 책상 위에 있던 동전을 집어 들고, "돈이다! 이거 엄마 줄게, 학교 가지 마." 했는데도 엄마는 학교를 갑니다. 진우가 종이쪽지에다 뭔가를 열심히 써서 방에서 일하고 있던 아빠에게 던집니다. 네 살 진우가 열심히 쓴 쪽지 편지입니다. 네 살 진우가 말을 해도 안 되고, 울어 봐도 안 되는 문제를 어떻게든 풀어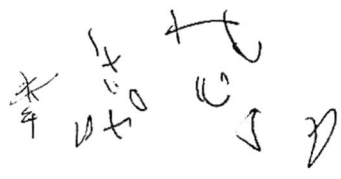

내려고 열심히 쓴 글입니다.

　진우만이 아니고 글자를 모르는 아이들 모두가 이렇게 글자를 쓰고 싶어 합니다. 다섯 살 강다현이도 엄마가 쓰는 마주이야기 공책 왼쪽에다 해님보다 달님이 더 좋다고 써 놓았습니다. 얼마나 쓰고 싶었으면 공책 한 쪽을 다 글자와 그림으로 꽉 채웠을까요.

　다음은 선생님이나 어른들 도움 없이 혼자서 열심히 쓰고 그린 조민지 공책을 볼까요?

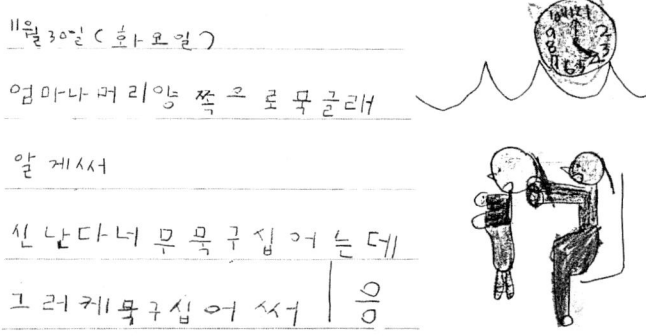

　조민지가 자기가 한 말을 글자와 그림으로 나타냈지요? 이렇게 이 나이 아이들은 말, 글, 그림 공부를 하나로 묶어서 합니다. 그런데도 어른들은 "말하기 가르쳐요? 글자 가르쳐요? 그림 가르쳐요?" 이렇게 따로따로 가르치냐고 묻고, 또 따로따로 담당 선생님이 가르쳐야 잘 가르치는 것으로 알고 있습니다. 이러니 모든 유아 교육 기관이 우리는 무슨 무슨 특기 교육을 합네 하면서 걸개막을 걸어 알리고, 말 따로 글 따로 그림 따로, 다 따로따로 겉도는 교육을 하면서 가르치는 값도 다 따로따로 받습니다. 이러니 돈이 오십만 원, 아니 칠십만 원이 들어간다고 야단입니다.

그런데 마주이야기 교육은 아이들한테 무엇을 가르치기보다 엄마, 아빠, 선생님이 '아이들 입에서 터져 나온 말'을 귀담아 들어주면서 끊임없이 아이들 말을 들어주고 알아주고 감동해 주는 교육입니다. 아이들 말을 집 안으로 교실 안으로 끌어들여 오는 일입니다. 살아 있는 아이들은 살아 있는 말을 끊임없이 하니까요. 말만 잘 들어줘도 아이의 모든 것, 아이가 보고 듣고 느끼고 생각하고 경험한 것을 다 알 수 있어서, 아이가 어떤 문제를 안고 있는지를 알고 도와줄 수 있습니다.

"하은아! 시장에서 살 물건 하은이가 글자 쓰고 싶었어? '고구마' 참 참하게 썼네!"

"강다현! 이 글자 다현이가 썼어? 와! 다현이가 글자도 쓸 줄 아네! 선생님은 다현이가 쓴 글자 보고 다현이가 해님보다 달님을 더 좋아한다는 걸 알았어. 다현이가 글자를 쓰니까 다현이가 뭐를 더 좋아하는지도 알 수 있고. 글자 좋네!"

아이들이 쓴 글자를 벽에 붙여 놓습니다. 할머니, 할아버지, 이모가 와서 보고 또 알아주고, 어떻게 이렇게 글자를 열심히 썼느냐고 칭찬해 주고 감동해 줍니다.

그리고 조민지처럼 '묵글래(묶을래)', '알게써(알겠어)', '그러케(그렇게)', 이렇게 쓴 것을 틀리게 썼다고도 안 하고 고쳐 쓰라고도 하지 않습니다. 우리 민지가 이런 글자를 얼마나 쓰고 싶어서 열심히 썼나를 알아 줘야 하기에 그렇습니다. 이만큼 쓴 것만도 감동스럽기에 그렇습니다.

> 11/12 (밥먹을때 엄마가 내 밥에 생선을)
> 나: 엄마 왜 내 밥에 생선 놔
> 해: 먹으라고 놓지
> 내: 싫어 안먹어
> 엄마: 왜 재려보나
> 나: 미안해 이제 내 밥에 놓지마
> 엄마: 알았어
> 나: 이거 쓰자

 와! 일곱 살 정하은이는 엄마와 말을 주고받으면서 마주이야기 공책에 "이거 쓰자." 했네요. 우리 교육에서 지금껏 '말'이 '글'이 된다는 것을 아이들에게 깨닫게 하지 못해, 아이들은 글자를 다 깨치고도 "쓸 거 없어요." 노래하듯 했는데, 정하은이는 말이 글이 된다는 것을 알았습니다. 말이란 말은 다 글자가 된다는 것을 알았으니 쓸 것도 많은 정하은입니다.
 '우ㅐ'자 보세요. 이 글자를 쓰느라 얼마나 애를 썼는지를 안다면 아마 틀렸다는 말을 차마 못 할 겁니다. '왜'에 거의 다다른 글자이니 또 알아주고 감동해 줘야지요.
 그런데 가르치려고만 드는 교육은 열심히 틀린 글자를 찾아내어 새빨

갖게 고쳐 주는 것을 잘 가르친다고 알고 있지요? 이러니 아이들은 말을 글자로 나타내려 하기보다는 글자 안 틀리게 쓰는 데만 온 힘을 쏟아붓습니다. 받아쓰기를 하면 다 맞습니다. 그런데 하고 싶은 말을 글자로 쓰지는 못합니다. 이렇게 글자 모양만 익힌 채로 평생 글벙어리로 살아갑니다. 말이 글자가 되고 그림이 되는 것을 보고 들은 일이 없어 그렇습니다. 아이들 말을 다 버려서 그렇습니다. 이렇게 배워서 글자를 빨리 깨친들 무슨 소용이 있나요?

엄마가 아이들 말을 마주이야기 공책에 쓰고 있으면, 아이들은 "엄마 뭐 해?" 하고 꼭 물어봅니다. "니 말 공책에 쓰는 거야." 하면, 아이들은 '아! 내 말은 그대로 글자가 되는구나!' 하고 알아 갑니다. 아이들은 보고 들은 대로 자라니까요.

이렇게 자란 아이들은 말을 쓰고 싶어 하고, 쓰고 싶은 말을 김진우, 강다현, 조민지, 정하은처럼 글자로 그림으로 나타내면서 시원하게 자랍니다.

아이들이 말하기 싫다, 쓰기 싫다, 쓸 게 없다, 이런 말을 하는 것은 다 어른들이 가르치려 들 때 나오는 말입니다. 아이들에게 가르치려고만 들지 않고 아이들 말을 들어주면 아이들은 하고 싶은 말도 쓰고 싶은 글자도 많고 많습니다.

영어, 꼭 가르쳐야 하나요?

우리 유치원에 아이를 보내고 싶다고 온 엄마한테 "다니던 유치원에 계속 보내시지요." 하니까, "얘가 다니던 유치원에서 애들이 다 영어 가르치는 데로 빠져나갈까 봐 영어를 가르치기로 했다는데요, 너무 돈이 많이 들어서 못 보내겠어요." 합니다. 아! 영어를 시작하면서 교육비를 많이 올렸나 보네!

또 다른 원장 선생님은 유치원을 그만두고 영어만 가르치는 학원을 열었는데, 설명회 끝나자마자 모집이 끝났다고 합니다. 돈을 다달이 팔십만 원, 백만 원씩 받는데도 영어만 가르친다고 하니까 이렇게 단박에 모집이 끝나다니! 비정규직 한 달 월급보다 영어 한 달 배우는 데 드는 돈이 더 많은데도 영어만 가르치는 데로 다 몰리네!

교육부에서 나온 유치원 교육 과정에는 영어가 없습니다. 어떤 원장님은 "유치원에서 영어를 가르치게 해 주면 원아 모집이 그래도 잘될 텐데……." 합니다. 유치원 교육 과정에 영어가 없는 것은 영어를 가르치지 않아도 된다는 말입니다. 이런데도 온 나라가 영어, 영어 하는 것은 영어를 잘해야 아이들이 커서 돈을 잘 벌고 잘살 수 있다고 알기에 그렇습니다. 오로지 돈이 목표입니다.

　이제는 유치원 교육 과정이고 뭐고 다 필요 없고 영어를 가르치는 곳으로 줄을 섭니다. 그나마 아이들을 위한답시고 영어를 가르치는 게 아닙니다. 원장 선생님들은 아이들이 영어 가르치는 데로 빠져나가면 유치원 운영이 어려워지니까 영어를 가르치는 것이고, 엄마들은 옆집 뒷집 온 동네 아이들이 영어를 배우니까 엄마가 불안하지 않으려고 자기 아이한테도 영어를 가르칩니다. 그 어디에도 정말 아이들을 위해서 영어를 가르친다는 사람은 없습니다.

　세계화니 지구촌이니 글로벌 시대니 하면서 모두 영어로 살아남으려고 발버둥칩니다. 그런데 영어를 잘하면 잘살 수 있다는데, 아프리카, 인도, 필리핀, 인도네시아, 말레이시아 사람들은 다들 영어를 그렇게 잘하는데 왜 가난합니까?

　우리말은 돈을 한 푼도 들이지 않고 애써 가르치지 않는데도, 다 잘 배워 잘합니다. 우리말이 절실한 만큼, 그만큼 스스로 배워서 그렇습니다.

　우리 동네에는 러시아 부부가 살고 있는데 그 집에 일곱 살짜리 아들, 데이비드가 있습니다. 데이비드는 날마다 유치원 앞 놀이터에 와서 동네 아이들과 놉니다. 동네 아이들과 같이 몰려다니기도 하고 다투기도 합니다. 다툴 때는 답답하고 억울한 일을 우리말로 해야 합니다. 그래야 아이들이 알아들으니까요. 이러니 데이비드에게 우리말이 얼마나 절실합니까? 이렇게 여섯 달쯤 지나니까 절실한 만큼 우리말을 스스로 익혀서 잘합니다. 같이 놀던 아이가 울기에 "데이비드! 왜 쟤 울렸어?" 하니 알아듣고는, "내가 안 그랬단 말이에요오." 합니다. 어쩜 그렇게 우리 개구쟁이 아이들 말투랑 똑같은지!

　우리 유치원 일곱 살 반에 말레이시아에서 자란 아이, 사이몬이 들어왔습니다. 아빠는 우리나라 사람이고 엄마가 말레이시아 사람입니다. 아빠는 이 나라 저 나라 다니느라 바쁘고 엄마하고만 있으니까, 엄마가 하는 말인 영어로만 말할 줄 압니다. 그런데 우리 유치원에 일 년 다니면서 아이들과 지내려니 우리말이 절실했나 봅니다. 얼마쯤 지나자 우리말을 잘하더라고요. 그런데 사이몬 엄마와 데이비드 엄마는 우리말을 못합니다. 사이몬과 데이비드는 우리말이 절실했는데 엄마들은 그렇지 않았나 봅니다.

　데이비드, 사이몬한테 돈 들여 가면서 우리말을 애써 가르치지 않았는데도 이 아이들은 우리말을 잘 알아듣고 잘합니다. 또래들과 어울리는 데 필요한 만큼, 절실한 만큼 스스로 배웁니다. 그런데 우리 아이들은 그렇게 영어, 영어 하면서 돈을 처들이며 가르쳐도 잘 못합니다. 아이들뿐만이 아니고 어른들도 학교에서 그렇게 영어를 배웠어도 잘 못합니다. 그것은 오늘, 지금, 왜 영어를 배워야 하는지를 모르고 배우고 또 배우기만 해서 그렇습니다. 지금 절실하게 필요해서 배우는 게 아니라서 그렇다는 말입니다. 영어뿐만 아니라 모든 말은 절실해야 배우게 됩니다.

　여섯 살 민섭이가 "똥 쌌어요!" 합니다. 그러자 선생님이 똥 치울 준비를 합니다. 소매를 접고, 흘러내린 머리를 묶고, 앞치마를 두르고는 민섭이를 반짝 들어 똥 치우기 편한 곳에다 내려놓고 바지를 내리려고 하니 민섭이가, "왜 그래요?" 합니다. "너 똥 쌌다며? 똥 치워 주려고." 하면서 다시 바지를 내리려고 하니 변기를 가리키며, "저기다 쌌어요." 합니다. "아! 그건 똥 싼 게 아니라 똥을 눈 거지."

선생님들도, "똥 마려우면 얼른 가서 똥 싸!" 합니다. 젊은 엄마, 아빠들도, "오줌 마려우면 얼른 가서 오줌 싸고 와!" 합니다. 출판사에서 일하는 분도 "그럼 '똥 싸.' '오줌 싸고 와.' 하는 말이 틀린 말이에요? 나도 그러는데." 합니다. 온 나라가 영어 마을이니 원어민 영어니 영어 특구니 하면서 영어, 영어, 하는 동안 우리말이 이렇게 죽어 갑니다.

우리 아이들이 우리말을 하면서 깊이 있게 삶을 가꾸며 자라야 할 때에 영어 단어를 달달 외우고 있습니다. "야! 버블이 뭔지 알아? 거품이야, 거품." 물을 주면, "어, 이거 워러." 합니다. 이렇게 가르치는 것을 배우기만 하는 영어는 아이가 보고 듣고 느끼고 생각하고 겪은 말들이 아닙니다. 그래서 깊이 있게 삶을 가꿀 수 없습니다. 언제나 아이들 삶을 겉돕니다.

일곱 살 김도현이가 오늘 보고 듣고 느끼고 생각하고 겪은 것을 우리말로 합니다. 도현이가 임금님 집(경복궁) 나들이를 다녀오는 차에서, "강동민이가 임금님 집에서 내 옷에 진흙 묻혔는데요, 가만있었어요. 기분 좋은데, 기분 나빠질까 봐 가만있었어요. 진흙 닦으려고 하다가요, 가만있었어요. 더 많이 더러워질까 봐 가만있었어요." 합니다. 도현이 입에서 터져 나온 말처럼 우리말 속에는 지금까지 그 사람이 얼마나 애써 자라 왔고, 오늘도 얼마나 애써 하루를 가꾸고 있는지 가득 들어 있습니다. 앞으로도 잘 자라려는 마음속 다짐이 들여다보입니다. 이렇게 깊은 마음속에서 나오는 말은 또래들한테 울림으로 다가갑니다. 우리 모두를 감동시킵니다.

그런데 영어 몰입 교육이란 것이 아이들 저 깊은 속에서 삶을 가꾸면서 터져 나오는 감동스런 우리말을 틀어막고 있습니다. 어른들이 아이들에게 가르치려고만 드는 영어 낱말, 영어 문장이 아예 아이들 입을 막아 버립니다.

영어 몰입 교육이란 것이 우리말로 깊이 있고 자랑스럽게 삶을 가꾸는 우리 아이들을 열등감 속에 가두고 있습니다. 여섯 살 이상인이가 "나 왜 이렇게 놔 낳어? 영어 사람처럼 놔 놓지. 왜 이렇게 놔 났어?" 합니다. 온 나라가 영어, 영어 하는 속에서 자라다 보니, 이젠 아예 영어 사람 생김새가 기준이 되어 버렸습니다. 상인이는 이제까지 "나는 천연기념물, 나는 사냥하면 안 되니까. 사람은 다 천연기념물이야. 사람은 굉장히 중요해." 이렇게 자존감으로 가득 차서 자신 있게 잘 자라고 있었는데, 이게 무슨 말인가!

잘못 들어선 영어 교육으로 우리 아이들이 영어를 배우고 또 배워도 영어 사람처럼 영어를 못하는 열등감으로, 영어 사람처럼 생기지 않은 열등감 속에서 죽어 가고 있습니다. 우리 아이들 감동스런 삶도 감동스런 말도 다 빼앗아 버리는 교육입니다.

유치원에 부는 영어 바람

유치원에 영어 바람이 또 세차게 몰아치고 있습니다. 이번뿐이 아니고 틈만 나면 영어 바람이 불어닥치곤 해서 우리 유치원도 그 바람을 피할 길이 없어 시달리곤 했습니다.

30년 전에는 노래와 춤으로 영어를 배운다는 '라보 잉글리쉬'가 우리나라 온 유치원을 휩쓸었습니다. '라보'라는 교육 방법을 모르면 "어마! 라보 몰라요?" 하면서 아주 무식한 사람으로 몰아붙이는 바람에 저도 도대체 그게 뭔가 하고 강습회를 기웃거려 본 적이 있습니다. 그것을 모르면 큰일 나는 줄 알고요. 그리고 배웠지요. 아이들한테 대단한 것을 가르치는 양 으스대며 했지요.

녹음기가 집집마다 있고부터는 녹음테이프로 영어를 배운다는 '훼밀리 잉글리쉬'니 '옥스퍼드 잉글리쉬'니 '디즈니 잉글리쉬'니 하는 것을 사십만 원, 오십만 원, 아니 백만 원씩 주고 샀지요. 원장 선생님들은 새로 나오는 것마다 그것을 안 사면 유치원 운영을 할 수 없다는 생각으로 '세트'로 들여놓고 보란 듯이 사무실 가운데 자리에 모셔 놓았지요. 그러다가 이번에는 부잣집에만 있던 비디오가 집집마다 퍼지니, 아이구머

나! 이제는 영어 비디오테이프가 난리, 난리 그런 난리 법석이 또 있을까요? 전화를 받아도, 우편물을 받아도, 찾아온 분도 다 영어 비디오테이프 사라는 소리로 가득했습니다. 그 소리 다 듣다가는 일을 못 할 정도로 붙들고 늘어졌습니다.

저는 영어 비디오테이프가 나올 즈음부터 어슴푸레 교육의 길이 보이기 시작했습니다. 원아 모집 기간에 "영어 가르쳐요?" 하고 물어 오면 "영어 안 가르칩니다." 하고 대답했습니다. 그리고 가르치려 들지 않고 들어주는 것을 으뜸으로 하는 마주이야기 교육을 알아내고부터는 아주 또렷하고 자신 있게 "영어 안 가르쳐요." 하고 말합니다.

말을 시키지 않아도 묻지 않아도 하고 싶어 견딜 수 없어서 터져 나오는 아이들 말을 열심히 들어주다 보니까요, 모두가 감동, 감동이었습니다. 놀다 싸우고 억울하고 분해서 이르는 말들이 단 한마디도 쓸데없는 말이 없더라는 말입니다. 그럼 윤지수가 엉엉 울면서 '우는 방' 문을 열고 들어와 한 말을 들어 볼까요.

"응수하고 규진이 오빠가요, 종이, 스카치테이프 이런 거 쪼그맣게 뭉쳐가지고요, 뒤에 감추고요, '눈 감고, 아 해 봐.' 그러구요, '씹어 봐.' 그랬어요."

"응수하고 규진이 오빠는요, 김효진, 김유나, 문예진, 이강수, 이런 애들은 좋아하구요, 나하고 이수정만 안 좋아해요. 그리구 조금 잘못하면요, 발로 차 버리고 그래요."

"그리고요, 나하고 김유나하고 싸우면요, 김효진이가 무조건 김유나 편만 들어줘요. 그래서요, 내가요, 내일 껌 사 와 가지구요, 응수, 규진이 오빠랑 다 안 줄 거예요. 이강수만 줄 거예요."

우리 유치원에는 '우는 방'이 있습니다. '우는 방'을 따로 만든 게 아니라 내 방 앞에 시원하게 울어 대는 그림과 함께 '우는 방'이라고 써 붙여 놓았습니다.

아이들은 일부러 우는 일은 절대로 없습니다. 울 만한 충분한 까닭이 있기에 웁니다. 말을 시키지 않아도, 묻지 않아도, 하고 싶어 견딜 수 없어서 하는 말에는 쓸데없는 말이 하나도 없는 것처럼, 우는 것도 마찬가지로 쓸데없이 우는 일은 없습니다. 저는 그래서 말로 미처 풀어내지 못한, 더 하고 싶은 많은 말을 들어주기 위해 '우는 방'을 만들었습니다.

그랬더니 어느 날 지수가 찾아온 거지요. 억울해서 견딜 수 없어 눈물 범벅이 되어 터져 나오는 지수 말을 나 아닌 지수가 되어 같이 억울해하며 열심히 들었습니다. 이렇게 억울하고 분하고 거기다가 따돌림까지 당한 외로움을 어떻게 어린 지수 혼자 감당할 수 있겠습니까. 저는 지수를 안아 주며 "지수야, 지금 3층에 선생님들 다 계시니까 거기 가서도 일러." 하니까 지수는 "왜요?" 합니다. "유치원 선생님 모두 다 지수 억울하고 분한 거 알고 있어야지 그런 일이 또다시 일어나지 않도록 도와주지."

위층에서 여러 선생님께 이르고 내려오는 지수 얼굴이 조금 전보다 사뭇 환했습니다. "지수야, 니네 반 애들한테도 가서 말해." 하면서 쪽지에다 '지수 선생님, 지수 억울한 일 있어요. 여러 아이들이 다 모인 곳에서 무슨 일인지 말(발표)하게 하세요.' 하고 써서 "이거 선생님 갖다 드려." 했더니 또 "왜요?" 합니다. "음, 지금 지수는 억울하고 분하지? 그런데 응수하고 규진이 오빠는 재미있어 해. 그러니까 니 기분을 알려야지. 알리지 않으면 몰라서 자꾸 그래."

지수는 우리말로 억울하고 분한 것을 풀려고 '우는 방'을 찾아왔고 저는 우리말로 선생님들한테 가서도 이르게 하고 우리말로 지수네 반 애들한테 가서도 하고 싶은 말을 하도록 해, 우리말이 삶과 겉돌지 않도록 도와주었습니다.

지수가 하고 싶어 못 견뎌 하는 말은, 못 견디게 듣고 싶은 말이 되어 '듣기'와 '말하기'가 잘 어우러집니다. 선생님이 "애들아, 지수 말 듣기 싫으면 나가 놀아." 해도 아무도 안 나갈 것입니다. 다시 말하지만 하고 싶어 못 견디고 터져 나오는 말은 듣고 싶어 못 견디는 살아 있는 말입니다.

저는 들어주는 것을 으뜸으로 하는 마주이야기 교육을 하면서부터 이런 살아 있는 교육을 하기에 이르렀습니다. 바꿔 말하면 죄송하게도 그때까지 죽어 있는 교육을 아주 열심히, 정성껏, 혼신을 다해서 했다는 얘기가 되겠습니다. 저뿐만 아니라 초등, 중등, 고등, 대학 교수님까지 그랬는지 대학을 나온 우리 학부모님께 "저기, 제가 3년째 마주이야기 교육을 연재하고 있는 교육 잡지에서요, 아이 키운 이야기 200자 원고지 한 열 장쯤 부탁하던데요." 하면 거의 모든 학부모가 "저 못 써요. 정말 못 써요." 합니다. 말하기도 마찬가지고요. 그러니까 하고 싶은 말 하기, 쓰고 싶은 글 쓰기가 삶 속에 녹아내리지 못하고 바깥에서만 빙빙 겉돌고 있는 것이지요. 그래서 저부터 시작해서 말 벙어리 글벙어리들이 우글우글한 셈이지요.

열심히 목이 터지도록 가르친다고 하면서 아이가 가는 길을 앞에서 뒤에서 막아서며 "이리도 못 가고, 저리도 못 가!" 하는 훼방꾼 노릇만 했다는 것을 마주이야기 교육을 펼치면서 알게 되었습니다. 들어주는 교육이 집이나 교육 현장에 깊고 넓게 깔려 있어야 아이들 삶과 겉돌지 않는 교육을 할 수 있습니다.

그럼 제가 다섯 살 수정이와 있었던 일을 들어 보실래요. 우리 아이들은 유치원에 '우는 방'이 있다는 것만도 신기해하고 재미있어 하면서 자기들 말을 알아들으려는 제 깊은 속을 알기라도 하는 듯 즐거워합니다. 그래서 그런지 우는 녀석들로 가득 차야 할 '우는 방'이 웃는 녀석들이 들어오고 싶어 법석입니다. 그래서 선생님들은 "우는 방에 손님 오셨어. 원장님이 손님하고 얘기하고 계시니까 가면 안 돼. 알았지? 절대 가면 안 돼." 하고 다짐을 하기도 합니다.

그런데 다섯 살 수정이가 '우는 방' 문을 살며시 열더니 얼굴만 빼꼼히 들여놓고 누가 들을세라 속삭이듯 "저 왔어요." 합니다. 저는 '녀석, 얼마나 오고 싶었으면 저렇게 몰래 살금살금 빠져나왔을까!' 싶어, 수정이가 했듯이 조용히 "어서 와." 하는 손짓으로 내 옆으로 오라 했습니다. 그리고 얼른 종이에다 크게 '저 왔어요.' 이렇게 쓰고는 한 자 한 자를 짚어 주며 "이 글씨는 '저, 왔, 어, 요.'야, 한번 읽어 봐." 했더니 수정이는 떠듬떠듬 "저⋯⋯ 왔⋯⋯어요." 하고는 '저 안 틀리고 잘 읽지요?' 하는 눈빛으로 칭찬받을 준비를 하고 빤히 쳐다봅니다.

"에이 수정아, 니가 저 문틈으로 얼굴 디밀고 살금살금 속삭이듯 '저 왔어요.' 했지 큰 소리로 띄엄띄엄 '저⋯⋯ 왔⋯⋯어요.' 했어? 다시 읽어 봐." 하니까요. 이내 무슨 말인지 알아듣고 '저 왔어요.'를 살려 읽고 재미있는지 또 읽고 또 읽고 했습니다.

수정이 말 '저 왔어요.' 글자 속에는 '우는 방'에 오고 싶었는데 선생님이 못 가게 해서 '응아' 하러 간다면서 몰래 빠져나왔으니까 큰 소리로 말하면 선생님한테까지 들려 데리러 올지도 모른다. 그러니까 제발 좀 조용히 해 달라는 긴 말이 가득 들어 있습니다. 여기 '우는 방'에 얼마나 오고 싶었으면 그랬겠느냐는, 손님이 있어도 원장님이 공부하는 시간이어도 절대 나가지 않겠다는 더 많은 뜻이 '저 왔어요.' 하는 네 글자 속에 가득가득 들어 있지 않습니까! 그래서 그 많은 뜻을 담아 읽도록 했더니 수정이는 어쩜 원장님은 내 마음속까지 다 아느냐는 듯 더 행복해하면서 눈을 반짝였습니다. 그래서인지 자기 말 그대로 쓴 것을 말하듯이 읽으면서 재미있어 어쩔 줄 모르더라고요.

저는 '저 왔어요.' 글씨 밑에 아주 작은 글씨로 '3월 14일, 자기 반에서 몰래 빠져나와 '우는 방' 문을 살짝 열고 한 말.' 이렇게 쓰고는,

"수정아, 이 글씨 너 줄게. 집에 갖다 벽에 붙여 놓고 읽어. 엄마, 아빠한테도 이 글씨 읽는 거 가르쳐 드려."

하니까 보물을 집어넣듯 글씨 쓴 종이를 주머니에 넣고 씨익 웃습니다.

이렇듯 말한 그대로 글로 쓰고 그 글을 말하듯이 읽게 하니 우리 말과 글이 삶과 겉돌지 않고 그대로 살아났습니다.

이제야 올바른 교육에 눈을 떴습니다. 올바른 교육이라는 것은 공부라는 틀을 깨는 일입니다. 삶과 공부 사이에 울도 담도 쌓지 말아야 합니다. 그렇게 되면 아이들이 즐겁습니다. 아이들이 싱싱하게 자신 있게

자라는 모습을 보면서 어른들도 즐겁습니다. 즐거운 날이 쌓이고 쌓여서 아이들이 밝아집니다. 아이들이 밝게 자라면서 온 세상이 밝아질 것입니다.

이렇게 가르치지 않고 들어주는 것만으로도 잘못 가던 교육을 되돌리고 살아 있는 교육을 하게 되었는데, 영어를 가르치면요, 그렇게 하고 싶은 그 많은 아이들 말은 언제 들어주나요? 간신히 삶과 공부 사이의 담을 허물기 시작했는데, 다시 영어로 담을 더 높게 쌓으면 감동이고 뭐고 가르치고 외우기만 하는, 그래서 삶과 교육이 겉돌아서 말 벙어리 글벙어리만 생기는 교육을 또 해야 합니까? 억울해서 시들고, 혼나서 주눅들고, 가르치기만 해서 만날 못하는 수준에만 머물고, 그래서 하고 싶은 마음도 싹둑 잘라 버리는 잘못을 또 저지르란 말입니까?

민경 : 할머니, 애들이 때려. 엉엉.
할머니 : 왜 때리노?
민경 : 몰라. 괜히 때려. 엉엉엉.
할머니 : 괜히 왜 때리노? 너는 손이 없나 발이 없나. 왜 못 때리고 맨날 울고 들어오나 말이다. 엉?
민경 : (양손을 내려다보면서) 할머니, 난 때리는 손 없어잉.

아! 민경이는 때리는 손이 없다고 합니다. 절대로 민경이 손은 때리는 손으로는 쓸 수 없다고 합니다.

영어를 가르쳐서 민경이 같은 말을 할 수 있습니까? 영어를 가르쳐서 민경이가 영어로 깊이 있는 이런 말을 할 수 있겠느냐는 말입니다. 사람들은 민경이 말에 감동하고, 민경이는 사람들이 감동받는 것을 보면서 또 감동받습니다. 이런 감동으로 이어지는 교육이 하고 싶고, 유치원 아이들을 살리고 싶어 저는 영어를 안 가르치고 못 가르치겠습니다.

혜은 : 아빠 군인은 뭐 하는 사람이야?
아빠 : 나라를 지키는 사람.
혜은 : 왜 나라를 지켜?
아빠 : 나쁜 나라 사람들이 우리나라 쳐들어올까 봐.
혜은 : 우리나라 군인하고 북한 군인하고 마음이 달라? 그래서 싸우는 거야?
아빠 : 응.
혜은 : 그래도 참아야지.
아빠 : 우리나라를 뺏으려고 하는데?
혜은 : 그래도 양보해야지.
아빠 : 그러면 우리나라가 없어지는데?
혜은 : 그래도 착해야지.

민경이, 혜은이뿐 아니라 모든 아이들 입에서는 태어나서 지금까지 애써 가꾼 착한 삶이 이렇게 깨끗한 우리말로 터져 나옵니다. 어른들은 이런 아이들 말을 재미있게 듣고 감동하고, 아이들은 어른들이 자기 말에 감동하는 것을 보고 또 감동하고, 이렇게 감동, 감동하면서 삶을 가꾸게 하고 싶습니다. 우리 아이들한테 우리말이 아닌 영어를 평생 가르치고 배우게 한다 해도 이런 감동은 맛볼 수 없을 것입니다. 우리 아이들이 우리말을 쉽고 재미있게 필요한 만큼 그냥 했지, 필요도 없는 것을 외우고 배웠습니까? 무엇 때문에 지금 당장 필요하지도 않은 영어를 외우고 배워야 한단 말입니까? 왜 배워야 하는지도 모르는 영어를 억지로 배운다는 것은 영어의 종(노예)이 되어 배우다 배우다 지쳐 쓰러질 것입니다.

마주이야기 교육을 하면서 이제야 아이들이 가르치는 교육으로 시달리지 않고, 공부가 하고 싶어 못 견디고, 누가 시키지 않아도 스스로 모든 것을 즐겁고 재미있게 해 나가는 아이로 자라게 되었습니다. 유치원에서도 우리 말과 글을 살려내기 시작했습니다.

저는 우리 아이들이 절대로 우리 말 벙어리, 글벙어리로 살아가게 하지 않으렵니다. 우리 말과 글로 자세히 모든 것을 잘 나타내 서로가 겉돌지 않는 삶을 가꿔 감동으로 이어지는 그런 교육이 되도록 하렵니다.

다른 나라 말을 배우느라고 엄청난 돈을 없애고 시간을 허비하고 피와 땀을 흘리고 본전도 찾지 못하면서 우리말까지 죽여, 답답하고 암담한 세상을 만들지는 않으렵니다.

특기 교육 뭐 해요?

유치원 입학 상담을 하러 온 학부모들이 "특기 교육 뭐 해요?" 하고 묻습니다. 아예 당연히 특기 교육을 하려니 하고 묻습니다. 그렇게 물을 정도니 모든 유치원에서 특기 교육을 한다는 말이 되겠습니다. 엄마들이 특기 교육을 가르치느냐고 묻는 말, 가르쳐 달라는 말, 교사가 '가르친다'고 하는 말이 문제입니다. 마주이야기 교육에서 보면 또 '가르치려고만 드는 교육'이기에 그렇습니다.

아이들 특기는 아이들 속에 있다가 자연스레 겉으로 드러납니다. 아이들 특기 교육은 가르치는 게 아닙니다. 특기를 가르치는 교육은 아이들이 갖고 있는 특기까지도 죽게 하는 일입니다.

특기 교육이라고 하면 미술(만들기), 음악(악기), 체육(태권도), 발레 같은 것입니다. 말하기 쪽에서는 영어, 웅변, 동화 구연 같은 것도 있지요. 마주이야기 교육에서는 일찍이 자기 말이 아닌 남의 말을 달달 외우게 하는 웅변, 동화 구연을 병 주고 또 병 주는 교육이라고 했지요. 우리 유아 교육 방법이라는 게 다 다른 나라 교육 방법입니다. 한바탕 들어와 이 좁은 나라를 휩쓸고 소리 없이 가 버린 하바, 베베궁, 크레다, 짐보리,

비고스키, 가베 같은 교육입니다.

　엄마들이 특기 교육 노래를 하는 것도 요즘 무슨 특수목적고등학교니 외국어고등학교니 과학고등학교니 하는 문제로 온 나라가 떠들썩해서 그렇습니다. '특' 자가 문제입니다. 특수목적고등학교를 가야 좋은 대학을 들어갈 수 있다는 말이지요. 여기서 좋은 대학에 들어간다는 말은 아이의 특기에 맞는 '과'를 말하는 게 아니고, 아이의 특기와는 관계 없이 남들 보기에 좋은 대학에 들어간다는 말입니다. 그리고 어린아이들이 자신의 특기와 관계도 없는 대학을 목표로 '특기 교육'을 해야 한다는 말이 되기도 합니다.

　엄마들은 '특기 교육'을 하면 다른 아이들보다, 다른 교육 기관보다 더 많은 것을 배운다고 알고 있습니다. 이러니 '특기 교육' 몇 가지를 하면 그만큼 더 많이 공부하는 것이고 그만큼 다른 아이들보다 앞서 가는 것이라고 엄마들은 안심합니다. 이래서 아이들 특기 교육은 가르치는 일이 되었습니다.

　이럴 때 얍삽한 교육 기관은 발 빠르게 움직입니다. 무슨무슨 특기 교육을 합네 하면서, 가르치는 것을 갈래갈래 갈라서 따로따로 떼어 놓고 아주 많은 것을 가르치는 것처럼 떠들어 댑니다. 가르칠 것을 따로따로 떼어 놓았으니 교육비도 따로따로 받습니다. 교육도 갈래갈래 갈라서 그 사이에 울타리를 높이 쳐 놓고 따로따로 가르칩니다. 교사도 다 다른 사람이 따로따로 와서 가르칩니다. 이러니 특기 교육이 대단해 보입니다. 요즘 특기 교육은 아이한테 없는 특기도 가르쳐서 특기가 있는 것처럼 해 놓는 교육입니다.

그런데 아이들은 왜 해야 하는지를 모르고 하는 것을 싫어합니다. 하기 싫은 거 억지로 하니까 못하고, 못하니까 어렵고, 어려우니까 힘들고, 힘든 거 하다 하다 포기하니까 문제입니다. 포기하는 것으로 끝나는 게 아니라 아이가 스스로 하고 싶어 하는 다른 것까지도 하고 싶지 않게 만들어 버리는 게 더 큰 문제입니다. 이러니 요즘 특기 교육이 아이한테 있는 특기도 아예 무덤 속으로 묻어 버리는 꼴입니다.

아이들 말을 귀담아들어 보면 아이들 말 속에 모든 교육이 들어 있습니다. 갈래갈래 갈라져 있는 것도, 따로따로 떨어져 있는 것도 아닙니다.

다섯 살 차하진은 요즘 같은 반 신지호와 날마다 동네 지도를 그려 또래들한테 설명을 합니다. "여기 유치원에서 쭉 가다가 사당 사거리에서 직진해서 올라가. 그리고 오른쪽으로 올라가다 보면 슈퍼 있어. 그 골목으로 들어가면 여기가 우리 집이야." 종이에 지도를 그리면서 설명을 하다 보면 종이가 모자랍니다. 그러면 뒤쪽까지 그림을 쭉 그려 가면서 열심히 알려 줍니다. 우리 집 가는 길을 말로 해 보려고 애쓰고, 말로 다 할 수 없으니까 그림도 그립니다. 말하기, 그리기, 지도 공부가 다 함께 이루어집니다. 선생님은 "아! 우리 차하진은 지리 박사네! 지도를 이렇게 잘 그리다니!" 하면서 아이들이 잘하는 것을 찾아 주고 알아주고 감동해 주어 앞으로 나갈 길을 밝혀 줍니다. 그리고 열심히 그린 지도를 여러 사람이 볼 수 있게 붙여 놓습니다. 이렇게 특기 교육을 합니다.

일곱 살 김도현이는 아파트를 그립니다. 그리고 숫자를 밑에서부터 차례로 42까지 써 갑니다. 숫자를 더 쓸 데가 없어서 더 못 씁니다. "도현아, 숫자를 위에서부터 써 내려오지, 왜 밑에서부터 써?" 하니, "엘리베이터는 밑에서부터 숫자가 올라가잖아요." 합니다. "정말 그렇네!" 이렇게 도현이는 자기가 본 대로 숫자를 쓰고 아파트를 그립니다. "우리 도현이는 수학 박사네! 어떻게 이렇게 숫자를 빼놓지 않고 차례로 써 올라갔지?" 선생님은 이렇게 도현이가 쓴 '숫자'에 감동을 해 줍니다. 거리에서 도현이 엄마를 만났을 때도 "도현이 어머니, 도현이는 숫자 쓰는 걸 좋아해요. 글자를 쓰려고 하는데도 숫자가 막 써진대요. 수학 쪽으로 남달라요." 합니다. 이렇게 특기 교육을 합니다.

일곱 살 이현수는 잠자리에 들면서 "세상에서 하나뿐인 소중한 아빠, 세상에서 하나뿐인 소중한 엄마, 싸울 때는 밉지만 그래도 사랑스럽고 소중한 하나뿐인 내 동생, 세상에서 하나뿐인 소중한 나." 이렇게 노래를 부릅니다. 엄마가 "유치원에서 배운 노래야?" 하니 "아니, 내가 그냥 불러 본 거야. 엄마가 이 세상에서 현수는 나 하나뿐이라고 했잖아." 합니다. 현수는 엄마가 "현수는 너 하나뿐."이라고 한 말이 감동스러워서 식구마다 같은 말을 붙여서 곡을 만들어 노래했습니다. 선생님이 "현수야, 어떻게 곡을 붙였는지 선생님도 듣고 싶다. 우리 하늘반 애들한테도 '하나뿐인' 노래해 줘." 이러면서 "우리 현수 이 다음에 커서 훌륭한 작곡가 되겠네!" 합니다. 이렇게 특기 교육을 합니다.

마주이야기 교육에서는 특기 교육을 아이들 속에서 솟아 나오는 것으로 합니다. 아이들 특기는 아이들 속에 있다가 겉으로 드러납니다. 아이들 특기는 가르치는 게 아닙니다. 특기를 가르치는 교육은 아이들이 갖고 있는 특기까지도 죽게 하는 교육입니다.

교실에 왜 아무것도 없어요?

일곱 살 반 남자아이들이 구슬치기에 푹 빠져 있습니다. 아이들마다 주머니 속에 구슬을 넣고 다니면서 입을 열었다 하면 구슬 이야기입니다. "구슬치기했어. 구슬치기해서 한 개 땄어. 구슬을 던져서 맞히면 따는 거야. 친구들이 구슬치기 안 한다고 했어. 구슬 따 먹히기 싫으니까." 이러기도 하고 "나 오늘 구슬 세 개 땄다아!" 하기도 하고 "나 구슬 500원어치 샀어. 내 돈으로 내가 샀어." 하기도 합니다. 아이들마다 한쪽 눈을 감고 온 마음을 모으고 모아서 구슬을 맞힙니다. 하는 아이도 구경하는 아이도 같은 모습입니다.

조윤근은 "나 구슬 다 해서 125개 땄어." 합니다. 이러면서 딴 구슬을 자루에 담아서 목에 걸고 다닙니다.

윤근 : 엄마, 나 구슬 세어 볼까?
엄마 : 구슬 자루가 더 무거워졌네?
윤근 : 구슬 다 세어 보니까 168개야.
엄마 : 니가 니네 반에서 구슬 제일 많겠다.

윤근 : 아냐, 박형덕이는 530개나 돼.

윤근이네 반 아이들은 다 구슬치기에 푹 빠져 있습니다. 500원이니, 125개니, 168개니 하면서 수를 세고 또 세면서 누가 더 많으니 적으니 하며 수 공부에 빠져 있습니다.

김민석은 보는 사람마다 붙들고 딱지치기를 하자고 합니다. 설거지하는 엄마한테도 퇴근해서 온 아빠한테도 그저 "딱지치기하자." 합니다. 이러니 아빠가 "민석아, 걱정 마라. 민석이 죽으면 딱지도 같이 묻어 줄게." 합니다. "아빠, 그럼 용진이도 같이 묻어 줘. 무덤 속에서 실컷 딱지치기하게." 민석이 대답입니다. 민석이는 딱지치기를 싫을 때까지 해 보는 게 소원입니다. 그만큼 딱지치기가 재미있습니다. 민석이는 딱지 문제로 엄마하고 날마다 부딪힙니다. 이러니 엄마가 "너 그렇게 날마다 딱지만 하고 공부 안 하면 엄마 속상해서 빨리 죽는다." 합니다. 그래서 민석이는 유치원에서 새해맞이 소원 쓰기를 할 때, '엄마가 빨리 안 죽는 것'이라고 썼습니다. 엄마가 이걸 보고 "민석아, 이거 누가 쓴 거야?" 하니 "내가." 합니다. "어구! 기특해라. 왜 '딱지치기하는 것'이라고 안 썼어?" 하니 "헉! 에이, 아깝다, 아까워. '딱지치기하는 것'이라고 쓸걸." 합니다.

이해성은 "나 놀이터에서 총알 모아 왔어." 합니다. 엄마가 더럽다고 갖다 버리라고 하니, "줏어 온 거 안 더러워. 집에서 깨끗이 닦을 거야. 잘 보관했다 쓸 거야. 엄마는 맨날 내 물건은 쓸모없대. 저번에도 막 버리고. 엄마한테 소중하지 않은 것도 나한테는 소중할 수 있는 거잖아."

하면서 총알을 깨끗이 닦고 있습니다.

　유치원에 새로 등록하러 와서 교실을 둘러보는 학부모들이 "아니, 교실에 왜 아무것도 없어요?" 합니다. 텅 비어 있는 교실, 교구가 없는 교실을 보고 놀랍니다. 다른 유치원에서 책장마다, 서랍마다 꽉 차 있는 교구를 보다가 텅 비어 있는 교실을 보니 그럴 수밖에요.

　우리나라 유치원 교실은 다른 나라에서 들어온 교재, 교구로 꽉 채워져 있습니다. 몬테소리, 삐아제, 프뢰벨, 슈타이너, 레지오 에밀리아, 하바, 크레다 이런 교육들이 다 다른 나라에서 들어온 교육 방법입니다. 이런 교육에서 쓰는 교구들이 아이 두뇌를 발달시킨다느니, 눈과 손의 협응 능력을 길러 준다느니, 창의적인 아이로 자라게 한다느니, 사고 능력과 판단력을 길러 준다느니 하면서 온갖 좋다는 말은 다 끌어다 떠벌립니다. 그러니 이렇게 좋다는 교구를 안 살 수가 있나요. 그래서 교실이나 집 안에는 교구가 잔뜩 쌓입니다.

　집집마다 "장난감 갖고 놀았으면 치워!" 하는 소리가 나옵니다. 아이는 벌써 어질러진 장난감 옆에서 잠들어 있습니다. 노는 데 힘을 다 빼고 치울 힘이 남아 있지 않아서 그렇습니다. 이러니 장난감 문제로 실랑이하다 지친 엄마는, 장난감을 엄마가 치울 수 있는 만큼만 놔 두고는 다 창고에 갖다 둡니다.

　집에서 한두 아이를 데리고도 이러는데, 열 명에서 많게는 서른 명을 맡고 있는 교사가 그 많은 교구 속에서 아이들과 얼마나 부대낄까요? 교구 준비하느라 힘 빼고, 없어진 것 찾느라고 힘 빼고, 또 교구 닦고 정리하느라 힘 빠집니다. 정리 정돈하는 것도 교육이라고 어떻게든 아이들이 치우게 하려고 칭찬을 하고 상까지 줘 가면서 치우라고 해 보지만 "내가 안 그랬는데요." 하니 힘 빠지고, 선생님 보는 앞에서만 잘 치우고 얍삽하게 구는 아이를 보면서 또 힘 빠집니다. 이러니 교구 때문에 힘이란 힘을 다 빼고 나서야, 지친 몸과 마음으로 아이들을 만납니다. 교구로 가득 찬 교실에서 일하는 교사는 날마다 대청소를 하고 나서 몸살이 납니다.

몸살이 난 교사가 아이들을 만납니다. 어린이 중심 교육, 열린 교육 한다고 해 놓고 교구 중심 교육을 하고 있는 꼴입니다. 초등학교 교사는 공문을 제때에 해내느라 일하는 짬짬이 아이들을 가르친다고 하던데, 그러면 초등학교는 어린이 중심 교육을 한다고 하면서 공문 중심 교육을 하고, 유치원은 어린이 중심 교육을 한다고 하면서 교구 중심 교육을 하는 거지요. 이럴 바에는 교구를 다 내다 버리고 사람 중심 교육, 어린이 중심 교육을 해야겠다는 몸부림으로 교실을 텅 비워 놓은 것입니다.

이런 교구 중심 교육, 공문 중심 교육 때문에 아이들을 위해서 교사가 있는 게 아니라 아이들이 교사를 위해서 있는 꼴이 되어 버렸습니다.

이제 다른 나라에서 교구와 함께 들어온 말과 우리 아이들이 놀면서 하는 말이 어떻게 다른지 알아보도록 해요. 다른 나라에서 들어온 교구에는 숟가락이나 젓가락 같은 교구를 준비해 놓고 물건 옮기기를 하면서 '눈과 손의 협응 능력을 길러 준다. 집중력을 길러 준다. 성취감을 길러 준다. 판단력을 길러 준다. 수리력을 길러 준다. 창의력을 길러 준다.' 이럽니다. 이렇게 우리 아이들이 알아듣지도 못하고 쓰지도 않는 말을 씁니다. 그런데 우리 아이들이 스스로 하는 놀이에서는 이런 말을 쓰지 않습니다. 구슬치기할 때 한쪽 눈을 감고 온몸과 마음을 집중해서 구슬을 맞히면서도 '구슬치기한다.'고 하지 '눈과 손의 협응 능력을 길러 준다. 집중력을 길러 준다.' 이러지 않습니다. 구슬을 한 개 따고, 세 개 따고, 500원어치 사고, 125개를 따면서도 '성취감을 길렀느니, 수리력을 길렀느니' 하지 않습니다.

이러니 다른 나라 교육이 들어오면서부터 어려운 전문 용어를 쓰는 교육이 꼭 해야 하는 공부로 자리 잡고 우리 아이들끼리 스스로 하는 놀이는 해야 할 공부를 안 하고 노는 것이 되어 버렸습니다. "이 딱지 다 갖다 버린다." "집 안 구석구석 구슬이야!" 이러면서 야단맞을 일이 되어 버렸습니다.

그러나 아닙니다. 우리 아이들이 스스로 하는 놀이가 다른 나라에서 들어온 교구보다 앞선 교육입니다. 수리력, 집중력, 창의력 따위를 들먹이지 않아도 아이들은 자연스럽게 놀이를 하고 말을 하면서 배웁니다.

보세요. 다른 나라에서 수입된 교구들은 다 어른들이 준비해 주지요? 그런데 아이들이 푹 빠져 하는 놀이는 우리 아이들이 스스로 준비해서 합니다. 아이들은 어른들이 준비해 놓고 하라는 공부보다 스스로 준비해서 하는 공부를 즐깁니다. 우리 아이들은 스스로 공부를 즐겁게 하고 있는 것입니다. 그러니 교실이 텅 비어야 합니다. 그래야 아이들 말로 하는 아이들 놀이가 교실로 들어옵니다. 아이들을 놀 수 있게 하면 아이들은 스스로 실컷 잘 놉니다. 주워 온 총알도 소중하게 여깁니다. 딱지, 구슬, 팽이들이 다 교실로 들어와야 합니다.

안응초가 "나 줄넘기 스물세 번 한다아." 하면서 나비처럼 줄넘기를 하는 걸 본 전승희가 "나도 줄넘기 잘해서 잘난 체하고 싶어. 줄넘기 잘

해서 달인 돼서 텔레비전에도 나가고 싶어." 이럽니다. 이렇게 '줄넘기'라는 말이 교실에 넘치고, 하고 싶다는 말도 가득합니다. 현관에서 이상형이 "엄마! 오늘 기쁜 일 있어! 나 우리 반에서 드디어 줄넘기 2등 했어. 안응초가 258번, 내가 226번 했어!" 합니다.

이렇게 다른 나라에서 들어온 교구가 없는 교실에는 아이들 말이 가득 차 있습니다.

일과 공부와 놀이는 따로따로가 아닙니다

여섯 살 김나연이 엄마가 카레 재료를 칼로 써는 것을 보고 있습니다.

(카레를 만드는 엄마를 보며)
나연 : 엄마! 나 이거 썰어 보고 싶어.
엄마 : 칼은 위험하지 않을까?
나연 : 엄마, 한 번만 해 볼게. 응?
엄마 : 그럼 칼을 바꿔서 작은 칼로 해.
나연 : 네. 엄만 참 좋은 거 같애.
엄마 : 왜?
나연 : 다른 아이들은 이런 거 못 해 보는데 엄마는 해 보라고 하니까.

(콩비지 부침개를 만드는 엄마를 보고)
나연 : 엄마, 내가 반죽도 해 보고 싶어. 손으로 주물러야 돼?
엄마 : 수저로 휘 저으면 돼.
나연 : 나, 부침개도 부쳐 보고 싶어.

엄마 : 너, 초등학교 들어가면 계란 프라이랑 라면 끓이는 거랑 알려 줄
　　　게. 그때 해.
나연 : 한 번만 부쳐 볼께.
(부침개를 한 장 부쳐 보고)
나연 : 나도 잘하지! 나, 내일은 카레 해 볼래.

　여섯 살 나연이가 지금 가장 절실하게 하고 싶은 것은, 칼로 썰고 반죽하고 부침개 부치는 일입니다. 썰고 반죽하고 부침개 부치는 것은 일인데, 일이 하고 싶다고 애걸복걸합니다.
　그냥 생활 속에서 자연스럽게 일어난 일입니다. 누가 일부러 판을 짜지도, 가르치지도 않았는데 칼질을 하면서, 반죽을 하면서, 부침개를 부치면서 자연스럽게 배웁니다. 마음먹은 대로 잘 되지 않는다는 것을 알고, 자꾸 되풀이하다 보면 잘하게 된다는 것도 알았을 것입니다. 여러 가지를 썰면서 냄새, 색깔, 모양을 배우고, 부침 가루가 어떤 것이며, 기름을 어떻게 쓰는지도 알았을 것입니다. 온몸의 감각을 다 두드려 깨워서 일을 합니다. 하고 싶은 일을 하고 싶을 때 했으니 즐거운 나날입니다.
　나연이 또래들은 다 이렇게 하고 싶어 합니다. 그런데 나연이 말마따나 다른 엄마들은 아이들이 아무리 하고 싶다고 해도 위험하다고, 바쁜데 거치적거린다고, 일을 도와주는 게 아니라 일을 저지른다고, 숫제 나가라고 합니다. 아이들은 그렇게 하고 싶은 것을 하지 못하고 쫓겨나고 구경꾼 노릇이나 하고 있어야 합니다. 이런 일이 되풀이되면 아이들은 하고 싶은 일은 못 하게 해서 못 하고, 하라는 공부는 하기 싫어서 못 합

니다. 그러다 보면 "하기 싫어."를 입에 달고 시들시들 자랄 수밖에요.

 이것은 모두 일이 공부가 아니라는 생각 때문입니다. 일을 공부하고는 상관없다고 보는 게 문제라는 말이지요. 우리 교육은 일과 공부 사이에 아예 줄을 그어 놓고 이것은 일, 이것은 공부, 이렇게 나누어 놓았습니다. 나연이를 보면 일과 공부는 떼어 놓을 수 없는데도 말입니다.

 높은 학문을 했다는 사람들이 모양, 색깔, 냄새, 맛도 없는 죽은 교구를 외국에서 가져와 그게 공부라고 합니다. 교육 전문 용어를 줄줄이 대며, 눈과 손의 협동 능력을 길러 준다느니, 사고력, 수리력, 성취감, 자신감, 창의력을 길러 준다느니 합니다. 미국이니 영국이니 독일이니 하는 곳에서 교구를 들여온 사람들은 교구를 팔아서 돈 받고, 어떻게 쓰는지 알려 주고 돈 받고, 외국에서 들여온 값이라고 또 한 달에 얼마씩 돈을 받습니다. 또 그런 교구를 교실에 늘어놓은 교육자들은 대단한 교육을 하는 양 '아동 중심 교육' '열린 교육' '개별화 교육'을 하느니 하면서 온갖 좋은 말을 끌어다가 떠벌립니다. 교육 전문가가 하는 말이니, 학부모들은 많은 돈을 들고 몰려갑니다. 그러고는 그 많은 돈을 들여서 가르쳤는데도 자식이 가르친 만큼 안 됐다고 푸념을 늘어놓습니다.

 아이들이 생활 속에서 하고 싶은 것을, 하고 싶을 때 할 수 있도록 돕는 일이 살아 있는 교육입니다. 생활 속에서 만난 감자, 호박, 당근, 부침가루, 기름, 이런 것이 살아 있는 공부 재료입니다. "아유, 이 당근 색깔 봐. 신기하네. 어떻게 흙이 이런 색깔을 만들었을까? 아, 맛있는 냄새! 김치가 맛있게 익어서 입에 착착 들러붙네! 사과 껍질을 어쩌면 이렇게 얇게 깎았지!" 이렇게 온몸을 두드려 깨워 즐거움으로 가득 차게 합니다. 갖가지 생김새와 색깔, 냄새, 맛이 몸속 모든 기관을 두드려 깨우는 감동스러운 교구입니다. 그리고 이렇게 하고 싶은 일을 마음껏 하면서 자라는 아이들이 하는 말이 살아 있는 공부입니다.

일과 공부와 놀이는 따로따로가 아닙니다. 이렇게 못 견디게 하고 싶은 일이라면 일도 놀이이고, 공부도 놀이입니다. 그래서 일도 공부도 다 즐겁기만 합니다. 이런 생활이 되풀이되면, 아이는 하고 싶은 것으로 가득 차서 즐거울 것이고, 즐거운 만큼 열심히 자랄 것입니다.

교육이 뭐고 공부가 무엇입니까? 살아가는 데 불편하지 말라고 하는 것인데, 일과 공부와 놀이가 따로따로인 교육은 거짓말 교육입니다. 우리 아이들이 생활 속에서 일과 공부와 놀이가 하나가 되어, 하고 싶은 일을 마음껏 하면서 즐겁게 자라기를 간절히 바랍니다.

아이들 말을 잡아먹는 거짓말 교육

가르치려고만 드는 교육에서는 동화도 다 어른들 말만 가득합니다. 어른들 말 잘 들으라고 '청개구리 이야기'가 있고, 존댓말 하라고 '반말쟁이 정이 이야기'를 만듭니다. 규진이 엄마가 "넌 청개구리야." 하니 다섯 살 채규진이 "왜 내가 청개구리야? 엄마가 내 말 안 들으니까 엄마가 청개구리지." 합니다. 이러니 청개구리 이야기도 어른들 말입니다. 아이들 자리에서 보면 아이 말을 그렇게도 듣지 않는 어른들입니다. 어른들이 청개구리입니다.

이렇게 가르치려고만 드는 이야기책도 다 거짓말 책입니다. 더군다나 요즘은 동화 속에 나오는 주인공 이름을 빼고 그 자리에 아이 이름을 넣어서 책을 만들어 준다나 뭐라나. 어떤 원장님은, "동화책 속에 나오는 주인공 이름을 빼고 그 자리에 아이들 이름을 넣어서 책을 만들어 주니까, 아이들이 참 좋아하더라고요. 책 속에 자기 이름이 자꾸 나온다고요." 이럽니다. 아이가 한 말이 아닌 것을 아이가 말한 것처럼 이렇게 주인공을 바꿔치기하는 것은 거짓 교육입니다. 아이들을 아주 무시하는 교육입니다. 아이 이름을 넣어 만들어 준 동화 한 부분을 읽어 보세요.

왕잠자리 잡기 — 탐구심을 키워 주는 동화

○○와 친구들은 왕잠자리를 잡으러 들판으로 나갔어요. ○○는 가슴이 뛰었어요. 잠자리 날개를 손가락 사이에 끼우고 잠자리의 날개 떨림을 느껴 본 다음, 손가락을 벌려 잠자리를 놓아줄 때 느껴질 그 뿌듯한 기분을 생각하니 말이에요. ○○와 친구들의 마음처럼 하늘도 높고 푸르렀어요.

이렇게 동화 주인공 이름을 아이들 이름으로 바꿔치기하고, 떡하니 '탐구심을 키워 주는 동화'라고 해 놓았습니다. 다른 글에도 이큐(EQ)니 아이큐(IQ)니 탐구심, 사회성, 사고력, 이해심, 바른 습관, 우정을 알게 하는 동화니 뭐니 하면서 좋은 말은 다 끌어다 놓았습니다. 그런데 이런 좋은 겉포장을 뜯어보면 아이 이름만 있지, 이야기 속 어디에도 진짜 아이는 없는 빈 쭉정이, 껍데기 이야기입니다.

아이가 한 일도, 느낀 일도 아닌데 그 아이가 한 일처럼, 느낀 것처럼 거짓으로 꾸며서 책을 만들어 주면, 정말 그 아이가 한 알맹이 말은 어디에 있나요? 아이들 말이 있을 자리가 없어집니다. 정작 아이가 하고 싶은 말은 하지 못하고 자라게 됩니다.

아이들이 읽는 동화만 그런 게 아니라, 아이들이 부르는 노래도 다 어른들 말만 있습니다. 일곱 살 전승희가 "왜 국에다 밥 말았어. 싫단 말이야. 이제부터 나한테 물어보고 국에 말아줘. 꼭 개밥 같애." 이런 말을 합니다. 전승희 말에 곡을 붙여 노래를 만들었습니다. 이 노래를 들은 아이들이 다 "어마! 우리 엄마도 그러는데." 하며, 자기랑 똑같다며 속 시원해하고 재미있어 합니다.

이런 아이들한테 어른들은 어른들 입맛에 맞는 노랫말, 가르치려고만 드는 노랫말에 곡을 붙여서 부르게 합니다. '일찍 자고 일찍 일어나자'거나, '이를 잘 닦자'거나, '장난감을 잘 치우자'는 말만 가득합니다. 이런 말을 스스로 하는 아이는 없습니다. 이러니 아이가 이런 말을 한 것처럼 지어서 노래 부르게 하는 것도 다 거짓말 교육입니다.

이렇게 거짓을 가르치다 보니 이제는 아이들이 하는 옳은 말까지도 버르장머리 없는 말로 몰아치며 눈 하나 깜박이지 않고 바꿔치기합니다. 아래 마주이야기를 읽어 보자고요.

현정 : 엄마, 엄마는 속이 예쁜 게 좋아? 겉이 예쁜 게 좋아?
엄마 : 음…… 속이 예쁜 게 좋지.
현정 : 딩동댕! 맞았어. 엄마, 난 속도 예쁘고 겉도 예쁜 사람 될 거야.
엄마 : 그런데 너 그전에 막 떼쓰고 심술부릴 때 속이 밉던데?
현정 : 엄마는, 내가 다 알고 있는 건데, 안 그러려고 노력하고 있는데, 엄마 또 그런 말하면 나 싫어!

일곱 살 현정이가 속도 가꾸고 겉도 가꾸면서 자라겠다고 스스로 다짐하고 있으니 얼마나 고마운 일인가! 그런데 그런 현정이한테 어른이 하는 말이, 그 어린것이 살면 얼마나 살았다고 과거를 들춰내며 "그런데 너 그전에 막 떼쓰고 심술부릴 때 속이 밉던데?" 이런 말을 합니까? 이때 현정이가 "엄마는, 내가 다 알고 있는 건데, 안 그러려고 노력하고 있는데, 엄마 또 그런 말하면 나 싫어!" 이렇게 말대꾸하기를 정말 참 잘했지, 안 했으면 얼마나 답답했을까요? 할 말, 안 할 말도 가릴 줄 모르는 이런 어른들 말 때문에 아이들은 얼마나 더 답답하게 자라야 할까요?

현정이 마주이야기를 《들어주자 들어주자》(지식산업사, 1998년)에서 보기 글로 들면서 이야기를 했습니다. 그랬더니 현정이 마주이야기가 그대로 어떤 동화 구연 책에 실렸습니다. 그런데 이럴 수가! 김현정 마주이야기를 그대로 베껴 놓고 '저자 ○○○' 이렇게 겉장에 써 놓았더라고요. 이것도 문제지만 더 큰 문제는 김현정 마주이야기에서 말대꾸한 말을 쏙 빼 버리고 그 자리에 "아유 부끄러워." 이렇게 바꿔치기를 해 놓았더라니까요. 이런 어이없는 일이! 아이들이 꼭 해야 할 말, 옳은 말을 한 것을 아주 잘못한 말, 부끄러운 말로 몰아치며 어른 말만 내세우는 가르치는 교육! 이러니 아이들이 옳고 그른 것도 가릴 줄 모르는 아이로 자랍니다. 이제는 거짓말 교육도 모자라 아이들 말을 잡아먹는 거짓말 교육이 큰소리치고 있습니다.

아이들 말이 여기에도 저기에도 없습니다. 다 어른들의 거짓말뿐입니다. 이런 거짓말 세상에서 자랐으니 들통 날 거 뻔히 알면서도 베껴 쓰고, 짜 맞추고, 거짓 글 쓰고, 남의 글을 돈 주고 사는 문제가 해마다 되풀이 될 수밖에요.

2부

아이들 말이 가득한
마주이야기 유치원

| 유치원 들어가기 1 |
나 유치원 안 다닐래

다섯 살 장태경! 태경이 엄마는 유치원에 처음 태경이를 데리고 오자마자, "집에서 하루 종일 같이 보내기가 너무 힘들어요. 내일부터라도 다닐 수 있나요?" 하면서 지친 듯 자리에 주저앉습니다. 어머니와 이야기를 나누는 동안에도 태경이는 엄마 옆에만 딱 붙어 있습니다. 태경이가 엄마 곁을 조금도 못 떨어지는 것을 보고 물었습니다.

"태경이 유치원 처음 다니는 거예요?"

"아니요. 지난해에 몇 달 다녔어요."

"유치원 처음 갔을 때, 엄마랑 잘 떨어졌어요?"

"처음에는 안 떨어지려고 울고불고 그랬지요. 그런데 제가 학교에 출근을 해야 해서 안 떨어지려는 걸 억지로 떼어 놓으니까 그냥 다니더라고요."

선생님이랑 또래들과 친해지는 과정 없이 그냥 억지로 떼어 놓았다는 말입니다.

"억지로 적응시키면 엄마나 선생님은 쉽고 편하겠지만, 아이는 무력증에 걸립니다. '아무리 발버둥치고 몸부림을 쳐도 아무도 들어주는 사람이 없구나.' 합니다. 이렇게 무시당하는 일이 되풀이되면, 모든 것을 포기해 버리고 아무것도 할 수 없는 아이로 자랍니다. 이번에는 태경이가 유치원 모든 시설을 익히고, 또래들을 사귀고, 선생님을 믿을 수 있을 때까지 엄마가 2주일쯤 같이 다녀 주세요."

억지로 유치원을 다니게 하는 것이 아니라, 태경이가 힘들어하는 것이 무엇인지 들어주고 알아주려는 것이지요.

2주일 동안 엄마가 있을 자리는 유치원 사무실입니다. "태경아, 엄마는 교실에 갈 수 없어. 엄마들은 여기 사무실에만 있는 거야." 하니 태경이가 엄마 옆에만 있습니다. 있다 보니 오줌이 마렵습니다. 이리저리 찾다 보니 오줌 누는 곳을 알게 되지요. 목이 말라 이리저리 찾다 보니, 물 마시는 곳도 알게 됩니다. 같은 또래 김원희가 사무실에 들어와 같이 놉니다. 원희가 점심을 먹으러 교실에 들어갑니다. 태경이도 큰맘 먹고 따라가 봅니다. 태경이 콧물을 선생님이 살살 닦아 줍니다. 이렇게 잘 놀다가도 엄마가 언제 가 버릴지 모른다는 생각이 들면 사무실로 와서는 엄마가 있나 없나 봅니다.

이렇게 태경이는 하루하루 유치원을 열심히 알아 가고 있는데 엄마는 다른 아이들이 즐겁게 노는 것을 보고는, "너도 좀 저렇게 애들하고 놀아." 하면서 억지로 아이들한테 끌어다 놓습니다.

"태경이는 지금 아주 열심히, 자기가 할 수 있는 모든 것을 다 해서 적응하고 있는 겁니다. 한꺼번에 너무 많은 것을 하라고 부담 주지 말자고요."

태경이가 하루하루 조금씩 선생님에 대한 믿음을 쌓아 가면서 유치원을 다닌 지 일주일째 되던 날, 엄마가 또 힘들다고 합니다.

"선생님, 우리 태경이는 그만둬야 할 것 같아요. 사실은 우리 태경이가 지난번 유치원을 다니다가 안 좋은 일로 그만두었어요. 선생님이 태경이 손톱을 깎아 준다고 하면서 열 손가락에 다 피가 나게 깎은 거 있지요? 그래서 유치원을 찾아가서 이래 가지고 어떻게 유치원을 보내겠냐고 따졌더니, 선생님이 태경이 물건이랑 가방이랑 다 갖고 나오더라고요."

"그럼 태경이가 엄마하고 선생님하고 다투는 거 다 봤겠네요?"

"다 봤지요."

태경이는 유치원을 억지로 적응한 데다가, 엄마와 선생님이 다투는 것도 보았습니다. 이러니 유치원 선생님이 얼마나 나쁜 사람으로 보이겠습니까? 그런 유치원을 또 다녀야 한다니 얼마나 적응하는 게 어렵겠습니까? 이번에 확실한 믿음을 줘야 사람들과 어울려 살아가는 게 얼마나 즐겁고 감동스러운 일인지를 알게 된다고, 태경이 엄마에게 더 지켜봐 달라고 했습니다.

하루하루 지낼수록 태경이는 점점 유치원 선생님을 믿게 되었고, 또래들과 즐겁게 어울리는 시간이 길어졌습니다.

2주째 되는 날, 선생님은 태경이한테 이제는 다른 아이들처럼 혼자 다녀야 한다고 알아들을 만큼 말하고 또 말해서 태경이가 엄마랑 떨어질 마음의 준비를 시켰습니다. 그러나 막상, "태경아, '엄마 안녕!' 해야지." 하니, 저만치 있는 엄마한테 달려가 대롱대롱 매달려서는,

"엄마! 같이 가! 나 유치원 안 다닐래!"

하면서 소리소리 지릅니다. 선생님이 그런 태경이를 안고 얼른 교실로 들어갑니다. 엄마는, "태경이 그냥 집에 데리고 갈래요. 제가 힘들지 태경이는 괜찮아요." 합니다.

'유치원 안 갈래 병'은 아이 말을 들어주고 알아주지 않아서 생기는 병입니다. 저는 '마주이야기 교육으로, 태경이 마음속에 쌓여 있는 답답함을 알아주려고 조심스레 여기까지 왔는데, 여기서 태경이를 포기할 수는 없다!' 싶었습니다.

"태경이가 힘들어하니까 엄마가 힘들고, 엄마가 힘들어하니까 태경이가 힘들지요. 태경이가 저렇게 엄마한테서 안 떨어지려는 것은 엄마가 좋아서이기도 하지만, 엄마를 못 믿어서예요. 안 떨어지려는 태경이를 떼어 놓으려고 '응가하고 올게.' 하고는 깜깜한 밤에 들어오고, 모르는 사람은 절대로 따라가면 안 된다고 단단히 일러 놓고는 모르는 사람한테 태경이를 억지로 맡겼으니까요. 태경이는 엄마가 정말 집에서 기다리고 있을 건지, 유치원 선생님이 정말 엄마한테 데려다 줄 건지를 믿지 못해 불안해서 저러는 거예요. 지금 태경이 마음속에는 사람들을 믿지 못하는 마음이 가득해요. 이 안 좋은 마음을 다 청소한 다음, 유치원은 즐거운 곳, 나를 위해서 있는 곳, 선생님도 아이들도 다 좋은 사람이란 믿음을 갖게 해야 합니다. 믿는 만큼 즐겁게 자랄 테니까요. 지금은 엄마와 떨어지는 것이 불안해서 그런 거니까, 마음 단단히 먹고 그냥 가세요."

그렇게 혼자 유치원에 남았던 태경이가 하루를 마치고 유치원 차에서 내리니 엄마가 "태경아!" 하고 즐겁게 달려옵니다. 다음 날도, 그 다음 날도 선생님이 말한 그대로입니다. 태경이가 보니 선생님 말이 맞습니다. 태경이는 이제 선생님 말을 다 믿습니다. 믿는 만큼 유치원 생활이 즐겁습니다.

| 유치원 들어가기 2 |

유치원 옮겨 다니는 아이들

4월쯤 되면 3월에 입학해서 적응 못 한 아이들이 이 유치원, 저 어린이집을 부모님 따라 기웃거립니다.

여섯 살 최동빈이 유치원을 들어서다 말고 "엄마, 여기 영어 유치원이야? 싫어, 싫어엉. 영어 유치원 안 다닐래." 하면서 뒷걸음질 치며 유치원 앞 동네 놀이터로 달아납니다. 엄마가 쫓아가서 안 오겠다는 동빈이 손을 잡아끕니다. 엄마 힘이 더 세니까 질질 끌려오면서도 있는 힘을 다해 절대로 안 들어가겠다는 몸짓을 합니다. 영어 유치원 같은 곳은 절대 다니지 않겠다고 입으로, 몸으로 나타냅니다.

"동빈이 엄마, 안 들어오겠다는데 억지로 끌고 들어오지 마시고 놀이터에서 그냥 놀게 놔두세요." 하고 같은 또래 김하은이를 같이 놀게 합니다. 아이들끼리는 서로 몰라도 금방 어울려 놉니다. "난 김하은이고 여섯 살인데, 너 이름 뭐야?" "최동빈." "몇 살?" "여섯 살." 이렇게 서로 자기소개를 하면서 놀이에 푹 빠져 있습니다.

밥 먹는 시간입니다. 아이들은 노는 것도 좋아하지만 밥 먹는 것도 좋아합니다. 하은이한테 가서 "하은아, 밥 먹는 시간인데……." 하니 동빈이가 하은이와 떨어지는 것을 못내 아쉬워합니다. 동빈이한테 "우리 유치원은 놀고 먹고, 놀고 먹고, 또 놀고 먹고 그래. 하은이랑 같이 들어가서 밥 먹고 또 나와서 놀자." 합니다. 하은이가 동빈이 손을 잡고 교실로 들어갑니다.

여섯 살 이현주도 유치원을 옮기러 왔습니다. 현주는 3월에 유치원에 들어가서 네 달 동안 날마다 '안 갈래, 안 갈래.' 노래를 하고, 유치원에 가서는 한쪽 구석에서 울고만 있었다고 합니다. 현주를 보살피는 외할아버지한테 "저희 유치원에서 하라는 대로만 하면 틀림없이 즐겁게 다닐 겁니다. 현주를 데리고 와서 억지로 유치원 안으로 들여보내지 마시고 놀이터에서 놀고 계세요." 했습니다. 이번에는 이지원한테 "지원아, 지원이도 처음 유치원 다닐 때, '유치원 안 갈래, 안 갈래.' 그랬지? 저기 놀이터에서 놀고 있는 애가 이현주인데, 안 갈래 병이야. 우리 현주랑 함께 놀면서 현주 안 갈래 병 고쳐 주자." 하니 그렇게 하겠다는 듯 웃습니다. 아이들은 어른들한테는 낯가림도 심하고 가까이하려 하지 않는데 또래들과는 잘 어울린다고 앞서도 얘기했지요?

둘이서 뱅글뱅글 돌면서 미끄럼도 타고 그네도 타고 잘 놉니다. 밥 먹는 시간이 되어 "이제 밥 먹는 시간이니까 교실로 들어가자." 하니 현주가 놀란 듯이 할아버지 바짓가랑이를 잡고 매달립니다. "들어가고 싶지 않아?" 하고 물으니 눈을 마주치지도 않고 대답도 안 하고 할아버지한테만 매달립니다. "현주야, 안 들어가고 싶어? 들어가기 싫으면 안 들어가도 돼. 내일 또 지원이랑 놀이터에서 놀자." 해도 고개만 더 푹 숙입니다.

다음 날도 그 다음 날도 할아버지와 땡볕이 내리쬐는 놀이터에서만 있습니다. 할아버지가 너무 힘들어 더는 견딜 수 없을 때쯤 현주가 지원이를 따라 교실로 들어옵니다. 그렇지만 아직은 선생님과 눈 마주치는 게 싫은지 언제나 고개를 숙이고 다닙니다. 보기 싫은 거 보지 않고 듣기 싫은 거 듣지 않겠다는 듯이요. 그래서 선생님 얼굴을 보지 않고 할 수 있는 놀이를 찾았습니다. 실에 구슬을 꿰어 목걸이를 만드는 것입니다. 다 만드는 데 일주일이 걸렸습니다. 그러는 동안 현주는 물 먹는 곳이나 화장실이 어디 있는지 알아 가면서 조금씩 유치원에 익숙해졌습니다.

다섯 살 박희성이 엄마, 아빠는 회사에 다닙니다. 그래서 동빈이나 현주 부모님처럼 희성이 말을 잘 들어주지 못했습니다. 엄마가 희성이를 유치원에 들여보내려고 하면 "유치원 안 갈래, 안 갈래." 하면서 엄마 목을 때리고 할큅니다. 그래도 억지로 들여보내면 "엄마 보고 싶어! 엄마 보고 싶어!" 하면서 앙앙 울어 댑니다. "희성아, 엄마 보고 싶어? 엄마 보고 싶으면 예쁜 희성이 엄마 전화로 만나자. 이 전화 속에서 엄마 목소리 나온다." 하면서 하루에 두세 번씩 전화를 해 줍니다. 그래도 아침마다 엄마랑 헤어질 때는 한바탕 전쟁을 치르곤 합니다.

희성이 부모님께 "토요일 11시부터 12시까지 시간 좀 내주실 수 있어요? 희성이는 아직 유치원이 즐거운 곳이 아니라 엄마랑 억지로 떨어져서 있어야 하는 곳으로 알고 있어요." 하고 전화 드렸습니다. 이렇게 해서 토요일에 온 식구가 유치원에 와서 놉니다. 엄마, 아빠는 피곤한지 팔짱 끼고 보고만 있습니다.

"희성이 엄마, 아빠! 희성이는 노는 것을 봐 주는 것도 좋아하지만, 놀아 주는 것은 더 좋아하고, 놀아 주는 것보다 함께 노는 것을 더 더 좋아해요."

그러자 희성이 엄마, 아빠가 큰맘 먹고 희성이와 함께 놀이터에서도 놀고 형들 교실도 구경하면서 쉴 새 없이 놉니다.

"희성이 엄마, 아빠, 내일도 이 시간에 시간 좀 내주실 수 있어요?" 하니, "우리야 좋지만 쉬는 날 쉬지도 못하시고 죄송해서……." 합니다.

"희성이가 '유치원 안 갈래. 엄마 보고 싶어.' 하면서 날마다 우는 것을 보는 것보다야 덜 힘들지요. 희성이가 즐겁게 다니고 못 다니고는 어른들이 얼마나 희성이 말을 잘 들어주느냐에 달려 있어요."

이렇게 토요일, 일요일 온 식구가 놀고 간 뒤 희성이는 새벽 4시에 일어나서도 유치원, 낮잠 자다 일어나서도 유치원, 눈만 뜨면 유치원에 간다고 하더랍니다.

희성이가 먼 나들이 길을 다녀온 날, 마중 나온 희성이 엄마는 "고맙습니다. 마주이야기로 '들어주자, 들어주자.'가 그냥 아이 말을 들어주는 것인 줄 알았는데 우는 소리, 몸짓까지 들어주고, 왜 그러는지 까닭을 알아내고, 아이 자리에서 문제를 푸는 것이라는 걸 알았습니다. 이렇게 깊이 있는 교육인 걸!" 합니다.

최동빈, 이현주, 박희성. 이제는 즐겁게 유치원을 다닙니다. 그런데 정하준이 신발 벗는 곳에서 교실에 안 들어가겠다고 "애들하고 놀기 싫어!" 고래고래 소리 지르면서 웁니다. 저 우는 소리는 또 무슨 말일까? 오늘도 마주이야기 교육은 아이들이 하고 싶은 말을 들어주느라 바쁘고 바쁩니다.

텔레비전 보지 말고 빨리 재워 줬어야지

엄마: 빨리 일어나.
　　　유치원 차 올 시간 다 됐다.

규태: 추워! 더 잘래. 졸려 죽겠어.
　　　눈이 안 떠져. 저녁에는 잠이 안 오고,
　　　아침에만 잠이 와. 그러길래 저녁에
　　　텔레비전 보지 말고 빨리 재워 줬어야지.
　　　엄마랑 현주는 유치원 안 가서 좋겠다.

일곱 살 이규태

| 마주이야기 공책 쓰기 1 |
마주이야기 공책은 어린 시절 역사책

홍보현이는 우리 나이로 다섯 살, 그러니까 세상에 태어난 지는 꽉 찬 4년이 되었네요. 보현이는 요즘 말 배우는 것이 재미있습니다.

보현 : 엄마, 우리 큰 차(유치원 차) 아저씨 이름 뭔 줄 알아?
엄마 : 몰라.
보현 : 기사님, 기사님이야.
엄마 : 그렇구나!

아! 사람들이 보현이는 "보현아!" 하고 부르고 유치원 차 아저씨는 "기사님!" 하고 부르니까 보현이는 유치원 차 아저씨 이름이 기사님인 줄 알았구나! 보현이가 이렇게 알아 가는 게 기특해서 엄마는 고개를 끄떡이며 "그렇구나!" 합니다.
아이들은 보고 듣는 것마다 다 새롭습니다. 새로운 걸 알아내어 감동스럽고, 그 감동을 혼자 알고 있기에는 너무 벅차서 말로 쏟아 냅니다.

보현 : (엄마한테) 아줌마! 저는 여기(우리 집) 사는데, 아줌마도 여기 사세요?

엄마 : 네.

보현 : 애기랑 같이 사세요?

엄마 : 네.

보현 : (동생한테) 애기야, 너 아줌마랑 여기 사니?

애기 : (언제나 그렇듯) 네.

엄마 이름은 누구한테나 '엄마'인 줄만 알았는데, 어느 날 다른 아이들이 보현이 엄마한테 "아줌마!" 하는 것을 듣고, 엄마를 이렇게도 부른다는 것을 처음 알았을 때 보현이는 얼마나 놀랐을까! 이런 말도 보현이는 재미있습니다. 그래서 보현이도 엄마를 이제 "아줌마!" 하고 불러 봅니다.

엄마는 "보현이가 요새 '아줌마!' 하고 불러서 우스워 죽겠어요. 보현이만 그러는 건지 다른 아이들도 그러는지……." 합니다. 보현이가 이것저것 처음 알아 가면서 재미있어서 못 견뎌 말이 터져 나오듯 엄마도 보현이를 키우면서 보현이를 알아 가는 게 신기한지 다른 아이들은 어떤지 궁금해합니다.

보현 : (공책과 연필을 가져 와서) 여기다 아저씨 이름 써 주세요.

엄마 : (아빠를 그렇게 말하는지 알면서도) 아저씨라뇨? 누구 말씀이신가요?

보현 : 으음, 애기 아빠요. 그 아저씨요, 홍 서방이요, 홍성기요.

아빠 이름은 오로지 '아빠'라고만 알고 있던 보현이가 아빠는 아저씨, 홍 서방, 홍성기도 된다는 것을 알았을 때 얼마나 놀랍고 재미있었을까!
이러니 보현이 입에서 터져 나오는 말이 아주 재미있잖아요. 안 그래요? 그런데 거기다가 또 이제는 말을 글자로도 나타낼 수 있다는 것도 알아냈네! 공책과 연필을 갖고 와서 "여기다 아저씨 이름 써 주세요." 하잖아요.

보현 : 엄마, 나 유치원에서 상추에다 어 그거, 엄마, 아빠 찍어 먹는 거, 그거 빨간 거…….
엄마 : 고추장? 된장? 쌈장?
보현 : 응. 고추장, 쌈장. 상추에다 그거 넣구 오이두 넣구 고기두 넣구 안 크게 안 맵게 해서 입에 쏙 넣었다.
엄마 : 와! 상추쌈 먹었어? 고추장도 넣구?
보현 : 나 그거 써 줘. 마주이야기 공책에 써 줘.

보현 : 다 했어요.
엄마 : 뭐?
보현 : 응가. 엄마! 근데 응가가 사람 다리 같아요. 엄마! 그거 있어? 마주이야기 공책?
엄마 : 아니, 마주이야기 공책 유치원에 있잖아. 엄마가 그냥 써 놓는

공책은 있지. 왜? 그 말두(응가가 사람 다리 같다는 말) 써 달라구?

보현 : 응.

엄마가 "보현이는 요즘 공책과 연필을 가져와서 이거 써 주세요, 저거 써 주세요, 자주 그래요." 합니다. 보현이는 이렇게 열심히 자라고 있습니다. 이 나이 때는 이 만큼은 알아야 한다고 가르치지 않았는데도 다 알아 갑니다.

보현이 마주이야기 공책을 읽다 보면 보현이가 세상을 하나하나 알아가는 게 보입니다. 무엇을 알고 무엇을 궁금해하는지 다 알 수 있습니다. 서울 한복판에 있는 산 이름도 알고, 또 거기 위에 있는 뾰족하게 지은 것이 무엇인지도 압니다. 나, 우리 집, 우리 유치원, 우리 동네만 알다가 저 멀리 남산까지 안 것은 아주 자랑스러운 일입니다. 이러니 자랑을 하지요. "나한테 저거 뭐냐고 물어봐 봐." 하면서요.

보현 : 애들아, 저기 산 위에 뾰족한 거 뭔지 알아?

아이들 : 몰라.

보 현 : 나한테 저거 뭐냐고 물어봐 봐.

아이들 : 저게 뭐야?

보 현 : 남산 타워!

홍보현 마주이야기, '나한테 저거 뭐냐고 물어봐 봐.'를 더 들어주고 알아주고 감동해 주려고 우리 유치원 여섯 살, 일곱 살 형들과, 네 살 동생들까지 다 함께 남산 타워로 나들이를 갑니다. 엘리베이터 타고 꼭대기 전망대에 올라갔지요. 아이들 가운데는 남산 타워를 아는 녀석이 많지만 홍보현 마주이야기에 "몰라." 하고 나오니까 그냥 모른다는 듯이 "몰라." 할 줄도 압니다.

  세상에 태어나서 자란다는 것이, 무엇을 하나하나 알아 간다는 것이 하나도 힘들지 않고 고통스럽지 않습니다. 이렇게 즐겁게 열심히 자라난 네 살, 다섯 살 때 이야기가 이다음에 자라서는 기억에 아릿아릿하겠지요. 그래서 엄마는 보현이 말을 될 수 있는 대로 많이 공책에 씁니다. 우리나라 역사, 세계 여러 나라 역사가 있듯이, 마주이야기 공책은 우리 보현이 어린 시절이 아주 자세히 써 있는 역사책입니다.

| 마주이야기 공책 쓰기 2 |
안 돼! 다른 애들이 알면 창피해

며칠 전 다희가 교실로 들어간 뒤 다희 엄마가, "다희가 마주이야기 공책에 뭐 썼냐고 해서, '안응초 얘기 썼지.' 했더니, '안 돼! 다른 애들이 알면 창피해!' 그러면서 배낭 속에 있는 마주이야기 공책을 꺼내 응초 얘기 있는 데를 찢어서 길거리 쓰레기통에 버려서요, 다희 모르게 꺼내 갖고 왔어요." 하면서 구겨지고 찢어진 종이 한 장을 내밉니다.

엄마들한테 집에서 아이하고 한 말을 마주이야기 공책에 써서 일주일에 한 번씩 유치원에 보내 달라고 했습니다. 집에서 한 말을 여러 아이들과 같이 더 들어주려고요. 그래서 엄마가 다희 말을 마주이야기 공책에 썼는데 다희가 다른 아이들이 알면 창피하다고 저렇게 찢고 난리를 쳤다네요.

유치원에서 또래 마주이야기를 들려주기도 하고, 종이에 복사해서 집으로 보내 집에서도 읽게 합니다. 그것을 '더 들어줄 거리'라고 하지요.

엄마 : 다희야, 왜 다희 마주이야기는 '더 들어줄 거리'에 안 나와?
다희 : 다른 애들은 마주이야기 공책에 (말한 거) 다 써 와.

엄마 : 그러니까 엄마가 마주이야기 쓸 때, 창피하다고 하면서 이거 쓰지 마라, 저거 쓰지 마라 하지 마. 그러니까 쓸 게 없잖아.

다희 : 엄마가 창피한 것만 자꾸 쓰잖아. 저번에 엉덩이 호빵 이야기도 창피하구, 안응초 이야기도 창피하구. 그러니깐 그렇지.

다희만 이렇게 창피하다고 하는 게 아니라 엄마도 마찬가지입니다. 다희가 엄마랑 한 마주이야기를 유치원에서 그대로 써서 집에 가져갔습니다.

고모한테 오천 원 받았어. 그런데 엄마가,
"다희야, 천 원만 엄마 줘."
"천 원은 왜?"
"다희 치과 치료하는 데 필요해."

다희가 쓴 것을 본 엄마, "야! 엄마 창피하게 이런 거 썼냐?" 합니다. 다희도, 다희 엄마도 창피한 게 많고도 많습니다.

다희가 창피해하는 것만 빼도 쓸 거리가 없는데, 엄마가 창피한 것, 우리 식구가 창피한 것, 우리 동무들이 창피한 것까지 빼고 나면 쓸 게 아예 없지요. 다희와 다희 엄마만 창피한 일이 많은 게 아니라, 우리 모두 다 마찬가지입니다. 우리 교육에서는 '사이좋게 놀자. 착한 어린이가 되자. 부모님 말씀 잘 듣자. 조용히 하자.' 이렇게 가르치는 대로 한 것 말고는 다 야단맞을 일이고, 벌 받을 일이고, 부끄러운 일이고, 창피한 일입니다. 가르치려고만 드는 어떤 교육자가 생각해 낸 방법인지는 모르겠지만, 문구점에서 파는 일기 공책을 보세요. 그 날 한 일을 쓰게 하는 것으로 모자라서 그 날 한 착한 일을 한 가지씩 쓰라고 칸을 일부러 만들어 놓았잖아요.

다희는 응초를 좋아합니다. 그런데 응초는 하얀이를 좋아합니다. 그래서 다희 엄마까지 마음이 아픕니다. 어린 다희는 얼마나 더 아플까? 다들, 응초가 다희도 좋아하지만 하얀이를 더 좋아한다고 말하지 않고, 다희는 싫어하고 하얀이만 좋아한다고 합니다.

살아 있는 사람한테는 문제가 쉴 새 없이 일어납니다. 누구나 여러 가지 문제를 안고 살아갑니다. 그런데 우리 교육은 이 모든 문제를 가득 안고 그냥 없는 것처럼 살라고 합니다. 아이들이 진짜 하고 싶은 말은 다 사라지고 다른 사람 말을 앵무새처럼 외우는 웅변, 동화 구연, 동시 낭송 따위 말하기 교육만이 판을 치고 있습니다. 이런 교육은 내가 지금 안고 있는 문제는 두 겹 세 겹 더 두껍게 덮어 버리고 아무 일 없는 것처럼 살아가라고 합니다. 그래서 아이들은 문제를 드러내는 것을 점점 창피하게 생각하게 됩니다. 드러내면 놀림감이 되니 놀림감이 되지 않으려고 아무 일 없다는 듯이 자랍니다.

이렇게 가르치려고만 드는 교육은 우리 모두가 안고 있는 문제도, 나만이 안고 있는 문제인 줄 알게 합니다. 아이들은 '다른 사람은 아무 문제가 없는데, 왜 나만 문제 속에서 자라야 하나?' 생각하면서 외롭게 자랍니다. 이런 불만이 쌓이고 쌓여 청소년 문제가 되고, 사회 문제가 됩니다. 뒤늦게 문제가 드러나면 언제나 "대화가 안 돼서, 대화를 해야 한다." 이럽니다.

다희만 이런 문제가 있는 것이 아니라 정은선, 김은아도 같은 문제를 안고 있습니다. 은선이는 "엄마, 아빠보다 천지민이 더 좋아." 합니다. 은선이한테 선생님이, "지민이도 은선이 좋아해?" 하니, 그렇지 않다는 듯 고개를 흔듭니다. "왜? 부끄러워?" 하니, 고개를 끄덕끄덕합니다. 이번에는 김은아가 안고 있는 문제를 들어 볼까요?

  은아 : 언니, 나 유심연 좋아해.
  언니 : 유심연이도 우리 은아 좋아한대?
  은아 : 몰라, 유심연이는 손희민만 깜찍하다고 하면서 따라다녀. 그래
     서 나 질투 나고 화나.

선생님이 "은아야, 마주이야기 잔치 때 사람 많은 데서 은아가 한 마주이야기로 발표하자." 하니 은아는 싫다고 머리를 설레설레 흔듭니다. "은아야, 질투 나고 화나는 게 좋은 거야, 나쁜 거야? 나쁜 거지? 너는 그래도 언니가 있어서 이렇게 말로 마음속에 있는 나쁜 질투, 화 이런 거 다 풀어내잖아. 다른 애들 중에는 질투 나고 화나는데, 누가 들어줄 사람이 없어서 안 좋은 질투랑 화 이런 걸 그냥 마음속에 넣고 다녀. 그래서 지혜는 날마다 징징대고 승건이는 다른 애들이 아무 짓도 안 했는데 때리고 그러잖아. 은아가 여러 사람 앞에서 이 이야기하면 아마 많은 아이들이, '어마, 나도 그런데, 내가 하고 싶던 말인데, 은아 말 들으니까 나만 그런 게 아니라 다른 애들도 그런 문제가 있구나.'

그러면서 시원해할 거야."

은아 선생님이 이렇게 말해서 은아는 잔치 때 마주이야기 발표를 했고, 심연이를 좋아하는 것은 잘못한 것도 아니고 부끄러운 것도 아니라는 것, 자기 이야기가 다른 사람들이 아주 듣고 싶어 하는 말이라는 것을 알았습니다. 그리고 이런 문제가 드러나야 옳고 그른 게 어떤 것인지를 알게 되어 즐겁게 자랄 수 있다는 것을 알았습니다.

다희 마주이야기도 선생님이 조심스레 또래들 앞에서 읽어 줍니다. 이렇게 문제를 드러내고 나니 안응초가, "이다희, 나도 너 좋아해." 하고 웃습니다. 그런데 이제 이다희는 곽수범이 좋다가 요즘에는 이상형이 더 좋다네요.

아이들이 안고 있는 문제는 다 드러나야 합니다. 드러나기만 하면 은아, 다희처럼 자기들끼리 다 풀어 가면서 자랍니다.

다섯 살 이주나도 사람들 많은 곳에서 "나는 윤태웅을 좋아하는데, 태웅이는 나를 좋아하지 않아요. 그래도 나 이거, 장난감 전화기 윤태웅하고만 가지고 놀 거예요." 하면서 부끄러워하지도 창피해하지도 않고 당당하게 주나 마음을 드러냅니다. "어! 나 이주나 좋아하는데." 주나 말을 들은 윤태웅이도 이렇게 부끄러워하지 않고 말을 합니다. 마주이야기 교육에서는 이렇게 아이들 마음속에 담아 놓고 풀지 못하는 문제를 당당하게 드러내어 속 시원하게 자라도록 도와줍니다.

그런데 아직도 이런 것을 창피한 것으로, 놀림감으로 아는 재홍이는 "박지혜는 건홍이를 좋아한대요, 좋아한대요." 하면서 놀립니다. 아이들도 덩달아서 따라 합니다. 이쯤 되면 박지혜는 엉엉 울면서 "애들이 놀려요." 할 텐데, 누구를 좋아하는 일이 창피한 일이 아니라는 것을 알게 된 우리 박지혜는, "야! 좋아하는 게 뭐가 나쁘냐! 놀리는 게 나쁘지!" 하고 자기 앞에 닥친 문제를 스스로 풀어내면서 당당하게 자랍니다. 우리 아이들, 이렇게 자라게 하고 싶지요?

코피 흘린 얘기 하면 몸이 너무너무 더워.

엄마: 이번 마주이야기 공책엔
저번에 코피 흘린 얘기 쓰자.

환희: 나 그럼 몸이 더워.

엄마: 그게 무슨 말이야? 뭐가 덥다는 거야?

환희: 그 얘기하면 부끄럽다니깐.
그래서 몸이 너무너무 더워져.
그러니까 그 얘긴 쓰지마. 알았지?

여섯 살 권환희

| 선생님과 아이 사이 1 |

아까부터 기다렸다는 듯 맞아 주세요

아이들 말을 빠짐없이 들어주려고 마주이야기 공책을 읽고 있습니다. 명지 마주이야기를 보는데, 이런 이야기가 있습니다.

> 엄마! 오늘 유치원에 가면 선생님이
> "어! 김명지 머리 잘랐네!" 하겠다.
> 그리고 선생님이
> "애들아, 김명지 머리 잘랐다." 그러면
> 아이들이 "그러네." 하겠다.
> (유치원에 갔다 와서)
> 선생님이 "김명지 머리 잘랐네!" 했다.
> 내 말이 맞지?

명지가 한 말을 읽어 내려가면서 얼마나 조마조마했는지 모릅니다. 혹시 명지 선생님이 머리 자른 걸 몰라보고, 또 알았다 하더라도 그런 말 안 했으면 어쩌나 하고요. 숨도 못 쉬고 읽었습니다. 긴장해서요. 왜냐하면 난 명지가 머리 자른 것도 모르고 있었고, 그러니 말을 해 줄 리도 없지요. 명지네 반 선생님도 너무너무 바빠서 명지가 머리 자른 것도 못 보고, 그래서 말도 안 했다면! 명지가 선생님이 잘 볼 수 있게 머리를 들이대며 "선생님, 선생님, 나 봐요." 이렇게 봐 달라고 애원을 했는데도 보려고도 하지 않고, "저리 비켜." 했다면, 아 어쩌나! 유치원 끝나는 시간까지 기다렸는데도 선생님한테 기대했던 말을 듣지 못했다면! 아마 기대했던 만큼, 그만큼 힘이 쭉 빠져서 집에 가는 발걸음이 무거웠을 것이고, 집에 가서는 "선생님이 나한테 아무 말도 안 했어." 그러면서 입을 쑤욱 내밀고 기가 죽어 있다가 괜스레 신경질을 내고 투정 부리고 떼를 쓰고 그러다가 야단맞고 울다 잠들고 그랬으면 어쩌나 하는 생각이 그 순간에 막 지나갑니다. 그런데, "선생님이 '김명지 머리 잘랐네!' 했다. 내 말이 맞지?" 하는 말을 읽고는 '이제 됐네. 휴우!' 하고 긴 숨을 쉬었습니다.

  명지는 선생님이 아이들을 만날 때마다 아이들을 살피면서, 어떤 것을 알아줄까 하면서, 딱 맞는 말을 해 주는 것을 그동안 보고 들은 거지요. 그리고 그렇게 꼭 알아주는 선생님을 믿고, 믿은 만큼 기대를 하고, 기대한 만큼 하루하루가 즐거웠겠지요. 이 날도 그 믿음과 기대가 그대로 되었으니 얼마나 기뻤을까! 명지는 자기가 선생님한테 기대한 대로 그렇게 선생님이 알아준 게 감동스럽습니다. 이러니 이 감동을 혼자 품고 있기에는 너무 벅차서 엄마와 함께하려고 집에 들어서자마자 말이 터져 나옵니다. "선생님이 '김명지 머리 잘랐네!' 했다. 내 말이 맞지?" 명지 말 속에는, '이거 봐. 우리 선생님은 이런 사람이다.' 이런 자랑스러움이 넘칩니다.

　명지뿐 아니라 모든 아이들이 이런 기대를 하고 유치원 문을 들어섭니다. 그런데 선생님들은 늘 바쁩니다. 아이들은 선생님이 일하는 동안 선생님 둘레만 빙빙 돌고 있습니다. 아이가 쓸쓸하고 외롭게 돌고 있는데도 선생님들은 모릅니다.

　아이들이 돌아가고 나면 집에서 전화가 옵니다. "저번에도 잠바를 두고 왔는데, 오늘도 또 안 입고 왔어요. 우산도요." 이렇게, 아침에 아이들을 건성으로 만나면 갈 때도 제대로 챙겨 주지 못합니다. 아이가 무엇을 놓고 가도 그냥 보냅니다.

　마주이야기 선생님들은 아침에 아이들을 맞이할 때, 아까부터 기다렸다는 듯이, 아이가 하는 말이 듣고 싶어 못 견디겠다는 듯이, 아주 한가한 사람 몸가짐을 하고 아이들 건강, 기분부터 해서 머리에서 발끝까지 샅샅이 살피면서 맞이합니다. 마주이야기 선생님들은 그날 못다 한 수업 준비에 허우적거리다가도, 또 관청에서 독촉하는 공문을 정신없이 하다가도 다 미루고 아이들을 맞이합니다. 어차피 다 아이들을 위해서 하는 일이니, 가장 먼저 할 일은 아이들을 맞이하고 아이들 말을 들어주고 알아주는 일입니다. 갈 때도 마찬가지고요.

　하고 또 하는 말이지만 아이들은 선생님을 위해서 유치원에 온다고 하지 않습니다. 늘 선생님들만 아이들을 위해 일한다고 하지요. 아이들을 위해서 일을 한다고 했으니까, 아이들이 있는 시간만큼은 아이들을 위해서 몸과 마음을 써야 합니다. 아이들이 보는 데서 못다 한 수업 준비하느라, 컴퓨터 들여다보느라 아이들한테 등을 보이는 일은 아이들을 무시하는 일입니다. 아이들 시간을 송충이가 솔잎을 갉아 먹듯 그렇게 갉아 먹는 일이지요. 그러니 아이들을 만날 때는 아까부터 기다렸다는 듯 맞아 주세요.

| 선생님과 아이 사이 2 |

왜 선생님 마음대로 해요?

언제나 교육 현장에서 느끼지만, 아이들 말이 선생님이 가르치는 교육 내용보다 훨씬 재미있습니다. 교육은 마음이 움직여야 합니다. 아이들 말은 듣는 사람 마음을 움직입니다. 그래서 우리 유치원은 아이들 말로 마음을 움직이는 교육을 하고 있습니다.

오늘 낮에 여섯 살 박세희가 자기 자리도 아닌데 박규태 신발 옆에 신발을 놓습니다. "세희야, 신발을 니 자리에 놓아야지 왜 서진이 자리에 놨어?" 하니까 "나는요, 걸어 다닐 때도요, 박규태랑 손을 잡고 꼭 붙어 다녀요. 그래서 내 신발도 규태 신발 옆에 붙여 놓고 싶어서요." 하면서 박규태 신발 옆에 자기 신발이 나란히 있는 것이 보기 좋은지 보고 또 봅니다. '박규태 옆자리에 박세희 이름을 붙여 놔야겠네.' 이렇게 박세희 말을 들으면서 마음이 움직이고 몸이 움직입니다.

일곱 살 반 아이들이 용돈을 만 원씩 모아 책방으로 책을 사러 갔습니다. 선생님이 아이들이 고른 책값을 내고 있을 때, 이승은이 "선생님! 우리 거스름돈 어떻게 했어요?" 합니다. 선생님이 "거스름돈 모아서 다른 책 또 샀어." 하니까 울먹이면서 "우리가 언제 책 또 사 달라고 했어요?

왜 우리한테 물어보지도 않고 선생님 마음대로 해요? 선생님이 엄마들한테 보낸 편지에는 거스름돈으로 오뎅이나 떡볶이 사 먹는다고 했잖아요. 왜 약속을 안 지켜요? 우리는 책 사는 것보다 오뎅 먹는 게 더 좋단 말이에요." 하며 아이들 대표처럼 '우리'라는 말을 써서 말합니다. 다른 아이들도 듣고 있다가 "맞어, 맞어." 합니다.

'승은이 말이 맞네! 승은이나 아이들은 선생님이 엄마들한테 보낸 편지를 읽으면서, 책 사러 가는 일보다 거스름돈으로 오뎅, 떡볶이 사 먹을 일을 더 기다렸을 텐데, 얼마나 실망했을까!' 그래서 얼른 "애들아! 내가 오뎅, 떡볶이 사 먹을 돈 줄게." 이렇게 말했습니다. 승은이 말을 듣고 제 마음이 움직인 것이지요.

이번에는 선생님이 가르쳐 준 것을 아이들이 잘 받아들이고 다시 아이들 입에서 나온 말을 들어 볼까요? 선생님이 가르친 것 가운데서도 아이들이 새롭게 받아들인 말입니다.

일곱 살 민서가 "엄마, 서해안에는 몇 시간에 한 번씩 물이 들어왔다 나갔다 하지?" 합니다. 엄마가 "글쎄, 그런데 너 그런 생각은 어떻게 한 거야?" 하니 "선생님이 물이 들어왔다 나갔다 한대. 그런데 몇 시간에 한 번씩 물이 빠진댔더라? 열두 시간이라고 그런 거 같은데." 합니다.

선생님이 아이들한테 똥오줌을 '눈다.'는 말이랑 '싼다.'는 말을 가려서 해야 한다고 가르쳤습니다. 일곱 살 이수하 엄마가 "수하 똥 싸?" 합니다. 수하가 "싸는 건 바지에 싸는 거구요. 지금은 변기에 똥을 누는 거예요." 하니 엄마가 "어, 수하 똥 눠? 이제 똥 싼다는 말도 마음대로 못 하겠네. 똥을 싼다고 할 때마다 수하가 누는 거라고 고쳐 주잖아." 합니다.

권환희가 일요일에 할아버지 집에 가서 철쭉을 보고 "엄마, 나 유치원에서 꽃전 먹었어. 진달래로 꽃전 해 먹었어." 하니 엄마가 "우리도 이 철쭉꽃으로 꽃전 만들어 먹을까?" 합니다. 그러자 환희가 "엄마, 철쭉은 독이 있거든요. 철쭉은 꽃에 까만 점이 있잖아요. 독이 있는 개꽃이에요. 독이 있어서 못 먹는 꽃을 개꽃이라고 해요. 진달래는 먹을 수 있어서 참꽃이야. 선생님이 그랬어. 전에 박건도가 철쭉꽃 먹고 배 아프다고 했어." 합니다.

 우리 교육에서는 이렇게 선생님이 가르친 내용을 열심히 따라 배운 것을 가장 잘 알아줍니다. 하루 종일 배우고 또 배워야 합니다. 그런데 선생님한테 배운 것을 그대로 쏟아 내는 아이들 이야기가 재미있습니까? 물론 아이들이 감동스럽게 받아들였으니까 아이들 입에서 터져 나왔겠지만 이렇게 가르친 지식은 감동이 덜합니다. 가르치려고만 드는 교육은 마음을 움직이지 못합니다.

 그럼 오늘 우리 유치원에서 아이들 말로 어떤 교육을 했는지 교실을 들여다볼까요?

 선생님이 꼬깔콘을 네 살 구예진과 송하은 사이에 놓습니다. 구예진이 꼬깔콘을 자기 앞으로 끌고 갑니다. 송하은이 못마땅한 눈으로 보고 있다가 "나는 먹지 말라고?" 하면서 꼬깔콘을 자기 앞으로 끌고 갑니다. 구예진이랑 송하은이 "내 거야!" 하면서 서로 자기 앞으로 가져가려 합니다. 가만히 지켜보던 선생님이 또래 아이들 신주현, 장원용, 강보애를 데리고 와서 지금까지 일을 이야기해 줍니다. 예진이가 꼬깔콘을 갖고 가면 하은이 자리에 아무것도 없고, 하은이가 꼬깔콘을 갖고 가면 예진이 자리에 아무것도 없으니까 아이들은 "없다, 없다. 아무것도 없다." 합니다. 계속 이러다가 하은이 입에서 "같이 먹자." 하는 말이 터져 나옵니다. 이 소리를 들은 아이들이 다 함께 "같이 먹자." 합니다. 꼬깔콘을 가운데 놓고 다 함께 먹습니다. 이러면서 어떻게 하면 여럿이 더 즐겁게 지낼 수 있는지를 스스로 알아 갑니다.

네 살짜리들은 여럿이 함께 지내는 것을 아주 힘들어합니다. "내 거야!" 하면서 소리 지르고 울고 이빨로 물고 흔들어 댑니다. 선생님은 이럴 때마다 가르칩니다. "같이 먹어야지. 사이좋게 지내야지." 하지만 아이들은 가르치는 말은 깊게 받아들이지 않습니다. 그러나 송하은이 "같이 먹자." 한마디 하니 문제가 풀어지고 모두 즐겁습니다. 선생님이 아이들이 같이 먹는 사진을 찍어서 벽에 붙여 놓았습니다. 그 속에는 '같이 먹자.' 이야기가 가득합니다. 선생님이 사진을 가리키며 "이 사진은?" 그러면 아이들이 "같이 먹자 사진이에요!" 합니다. 이러면서 '같이 가자, 같이 놀자, 같이 먹자.' 하면서 더 즐겁게 지냅니다.

일곱 살 반에서 정민재가 "선생님, 신인영이 저 때렸어요." 하니 신인영은 "정민재가 나보고 바보라고 했어요." 합니다. 옆에 있던 조환희가 정민재 편을 들면서 "신인영은 정민재보고 멍청이라고 했어요. 그리고 신인영이 정민재도 때리고 나도 때렸어요." 하니 김동욱이 "제가 봐서 다 아니까 제가 말할게요. 정민재랑 조환희랑 게임하고 있는데요, 신인영이 막 끼어들어서 했어요. '나도 하자.' 이런 말도 안 하고 그냥 끼어들었어요." 합니다. 장형준도 자기만 빠질 수 없는지 "신인영이 자꾸 욕 써요. '이노무새끼' 이런 욕 써요." 합니다. 그 자리에 있던 아이들이 다 가만히 있을 수 없는지 한마디씩 합니다. 정민재, 신인영, 조환희, 김동욱, 장형준 마음이 다 움직입니다.

  선생님은 아이들이 자기들 문제를 스스로 풀면서 자랄 수 있게 도우려고, 아이들 말을 글자로 써서 다시 한 번 더 또래들 말을 들어 보는 시간을 마련합니다. 선생님은 아이들 문제에 끼어들지도 가르치지도 않으려고 애를 씁니다. 그렇게 오늘도 우리는 아이들 말로 마음을 움직이는 교육을 하고 있습니다.

| 선생님과 아이 사이 3 |
아이들도 선생님을 평가합니다

아이들도 선생님을 평가합니다. 아이들이 하는 평가는 어떤 사람이 한 것보다도 정확합니다. 어른들 세상에서는 평가를 하면서 여러 가지 문제가 생기기도 하는데 아이들 세상에는 그런 일이 없습니다. 보고 듣고 느낀 대로 평가합니다. 그래서 아이들이 평가를 했을 때 교사는 불만을 가질 수 없습니다. 그대로 받아들여야 합니다.

다섯 살 조윤민이 케이크를 들고 옵니다. 뒤따라오던 엄마가 "윤민이 아빠 생일이었는데, 케이크 먹을 사람이 없어서 갖고 왔어요." 합니다. 윤민이는 오전에는 달님반에 있다가 오후에는 종일반에서 지냅니다. 윤민이한테 위층을 가리키면서 "달님반에서 먹을까?" 하니 머리를 저으면서 싫다고 합니다. "그럼 어디서 먹을래?" 하니 종일반을 가리키면서 "저기서 먹을래." 합니다. '아아! 윤민이는 달님반보다 종일반이 더 좋은가 보구나!' 윤민이는 이렇게 선생님을 평가합니다.

새싹반 네 살 천지민은 손가락을 쫙 펴며 "엄마, 나 다섯 살 되는 거야? 그럼 나 이제 샛별반 되는 거야? 그럼 우리 새싹반 선생님도 샛별반 돼? 우리 새싹반 선생님 샛별반 안 가면 나도 샛별반 안 갈래!" 이럽니다. 지민이는 새싹반 선생님하고 같이 가야만 샛별반에 갈 거라고 합니다.

새싹반 네 살 장하연은 "선생님 드레스 사 줄 거야. 돈 천오백 원 줘. 돈 안 주면 저금통에 있는 돈 꺼내서 선생님 드레스 살 거야. 이 저금통에 있는 돈 어른 돼야 쓰는 거야? 그럼 나 빨리 어른 될 거다. 언니보다도 더 빨리 어른 돼서 선생님 드레스 사 줄 거다!" 합니다. 장하연 눈에는 옷 가운데 드레스가 가장 예뻐 보이고, 이렇게 예쁜 옷을 선생님한테 사 주고 싶습니다. 이런 속마음이 겉으로 드러납니다.

또 하연이는 하루 종일 선생님하고 지내고 싶어 종일반을 하면서 엄마한테, "엄마도 종일반 하고 싶지? 엄마도 어린이 되면 되는데, 어른이 되어서 안 돼! 토하면 돼. 토하면 다시 어린이 돼." 합니다. 선생님과 하루 종일 같이 지내는 종일반 하려면 어린이여야 하는데, 엄마는 밥을 많이 먹어서 컸으니까 먹은 걸 다시 토해 내면 다시 작은 어린이가 되어서 종일반에 들어올 수 있을 거라고 하지요. 네 살 천지민하고 장하연은 이렇게 선생님을 평가했습니다.

새싹반 장 선생님이 소영이가 입으로 숨을 쉰다고 면봉으로 콧구멍에서 코딱지를 조심스레 파내고 있습니다. 침 흘리고 잔 아이들 얼굴을 따뜻한 물수건으로 닦아 주고, 아이들을 무릎에 앉히고 머리를 곱게 빗겨 줍니다. 그리고 이정훈 똥을 닦아 주러 가서 변기를 들여다보며 "우리 정훈이 무슨 똥 눴나 보자. 아유! 큰 바나나 똥 눴네! 튼튼 똥 눴네." 합니다.

또 아이들 입에서 터져 나오는 말도 놓치지 않습니다.

하연 : 미진아, 자동차 그만 타고 내려!

미진 : 내가 지금 타고 있잖아!

하연 : 미안해. 이따가 양보해 줘.

장 선생님 : 어마, 우리 하연이 기다릴 줄도 알게 됐네! 기다리는 거 어려운 일인데. 어려운 것도 할 줄 알고. "미안해." "양보해 줘." 이런 말도 할 줄 알고. 이제 언니 됐네!

이렇게 아이들 한 명 한 명이 다른 아이들과 어울려 자라는 과정을 그냥 지나치지 않습니다. 장 선생님 정신이 맑으니까 아이들도 맑은 물속에서 놉니다. 장 선생님은 아이들한테 한 만큼 평가를 받고 평가받은 대로 즐겁게 지내고, 즐겁게 지내는 만큼 또 평가를 받습니다.

달님반 김 선생님이 고무장갑을 끼고 아이 얼굴을 닦아 줍니다. 그걸 보고 "어마! 김 선생님, 선생님도 고무장갑 낀 손으로 얼굴 닦아 보세요." 하고 한마디 했습니다.

한 아이가 원장인 나한테 와서 토할 듯이 '웩웩' 합니다. 급한 대로 얼른 입 속에다 손을 넣었더니, 김밥을 토해 냅니다. 아이가 "먹기 싫어요." 하는 말을 선생님이 들어주지 않아서 먹기 싫어도 입에 넣었을 테고 "토할래요." 이 말은 더더욱 들어주지 않을 것 같으니 밖에까지 뛰어나와 토하고 나서는 "우리 선생님한테 말하지 마세요. 말하면 안 돼요, 혼나요." 합니다.

아이가 소리 내어 웁니다. 선생님이 "왜 그래?" 합니다. 왜 우는지 알아내어 도와주려고 묻는 말이 아니고, 너는 왜 그렇게 우느냐는 듯, 듣기 싫다는 듯, 귀찮다는 듯 하는 말입니다.

아이가 갯벌에서 신발을 잃어버렸다고 울상을 하고 찾아 헤맵니다. 밀물이 들어와 신발을 두었던 곳은 벌써 흔적도 없이 사라져 버렸습니다. "새 신발인데……, 신발 잃어버리면 엄마한테 혼나요." 하면서 밀려오는 밀물 속에라도 들어가 신발을 찾겠다고 떼를 씁니다. 내가 "서울 가서 새 신발 사 줄게. 그냥 차 타자. 차 떠날 시간이야." 이렇게 달래면서 차에 태웠더니, 다른 선생님이 와서는 "신발 잃어버리지 말라고 했지!" 합니다. '아니, 아이가 신발을 일부러 잃어버린 것처럼 야단치네. 가뜩이나 엄마한테 혼난다고 안절부절못하는 아이한테 선생님까지 이러니!' 아이들은 선생님이 자기들한테 한 만큼 평가를 하고, 싫은 선생님한테는 가까이 다가가지 않고 둘레만 빙빙 돕니다.

교사들은 아이들한테 이렇게 평가를 받으면 "아이들을 위해 젊음을 다 바쳤는데……." 하면서 억울해합니다. 사실 이 말은 교사가 할 말이 아니지요. 아이들이 고마워서 "선생님이 우리들을 위해서 젊음을 바치셨는데……." 이렇게 말해야 맞는 말이지요. 아이들한테 평가를 받다 보면 처음에는 섭섭하고, 억울한 기분이 들 때도 있지만 좀 더 시간이 흐르면 내가 한 만큼 아이들이 알아준다는 것을 알게 됩니다.

새 학기에는 내가 지난해에 아이들에게 어떤 평가를 받았는지 되돌아보고, 올해는 어떤 평가를 받을지 생각해 봤으면 합니다.

9시에 자면, 선생님이 내 마음속으로 찾아온대

수빈: 엄마, 선생님이 9시에 자면
내 마음속으로 찾아온대.

엄마: 근데, 너 그 시간에 안 자잖아.
더 늦게 자잖아.

수빈: 이제 일찍 잘 거야.
맨날맨날 9시에 뒹굴뒹굴할 거야.
이불 속으로 쏙 들어갈 거야.

다섯 살 장수빈

여섯 살 오민영

| 동무 사귀기 1 |
또래가 가장 좋은 선생님

2층에 올라갔더니 다섯 살 반 아이들이 "이거 봐요, 이거요." 하면서 피 뽑을 때 쓴 알코올 묻은 약솜을 서로 내밉니다. 약솜을 집에까지 갖고 가려는지 버리지 않습니다.

건강 검진을 하고 있는 방으로 갔더니 네 살 반 아이들이 얌전히 앉아서 차례대로 검진을 받습니다. 아이들이 귀 검사를 받고 키를 재고 할 때마다 그 반 선생님은 노래하듯 "아유 예뻐! 아유 예뻐!" 합니다. 아이들이 또래들과 선생님이 지켜보는 가운데 피를 뽑습니다. 울지도 않습니다. 그런데 차하진이 주사 바늘을 찌르지도 않았는데 겁을 먹고 앙앙 울어 댑니다.

여섯 살 반이 차례대로 검진표를 들고 줄을 서 있습니다. 선생님이 "애들아, 지금부터 재미있는 병원 놀이 한다. 진짜 병원 놀이야." 하니 아이들이 검진하는 네 분 선생님이 낯선지 신기한 듯 둘러봅니다. 귀, 이를 검사하고 몸무게, 키도 재고, 그리고 피를 뽑는 곳에 차례로 앉습니다. 유시연이가 같은 반 또래들이 다 보는 데서 가장 먼저 피를 뽑습니다. 아이들이 숨도 안 쉬고, 침도 안 삼키며 보고 있습니다. 바늘이 시연이 오른팔 살 속으로 들어갑니다. 보고 있던 아이들이 얼굴을 찡그립니다. 그러면서 "아파? 아프지?" 합니다. 담임 선생님도 긴장합니다. 유시연이 어떤 말을 하느냐에 따라 오늘 하는 진짜 병원 놀이를 잘 마칠 수 있을지 없을지 판가름 나기에 그렇습니다.

유시연 입에서 드디어 나온 말! "아니, 하나도 안 아파. 간지러워." 잔뜩 겁먹고 있던 아이들이 어느 정도 안심을 합니다. 그러고는 마음을 편히 하고 피를 뽑습니다. 그런데 같은 또래 김준모는 아직 주사 바늘로 찌르지도 않았는데, 그래서 지금은 아프지도 않을 텐데 울어 댑니다.

일곱 살 반 차례입니다. 여섯 살 김준모가 울어 대는 것을 본 의민이가 "선생님, 저거 아파요? 아프죠?" 하니 지금 막 또래들이 지켜보고 있는 데서 피를 뽑은 지수가 "아니야, 하나도 안 아파. 처음에 주사기 꽂을 때만 따끔거리고 나중에는 안 아파." 합니다.

위지호가 "어? 하나도 안 아프네!" 하고, 중협이는 "나 주사 또 맞고 싶다." 하니 민혁이도 "나도 또 주사 맞고 싶다." 합니다.

핏줄이 안 보여서 팔 운동을 하고 있던 지혜가 "이거 되게 재밌다. 그치?" 하니 함께 팔 운동을 하고 있던 남경이도 "어." 합니다.

남경이는 핏줄이 보여서 피를 뽑고, 이제 지혜만 남았습니다. 의사 선생님이, "어, 지혜는 아직도 핏줄이 안 보이네. 조금 더 팔 운동 해야겠다." 하니 지혜가 "네." 하면서 팔 운동을 하고 나서 "선생님, 나 이제 핏줄 보여요?" 합니다. 선생님이 "어디 보자. 아직 안 보이네. 운동 조금 더 해야 될 것 같은데, 한 열 번만 더 해 보자." 그러니 지혜가 하나 둘 셋 넷 하면서 "선생님, 열 번 다 했어요. 어! 핏줄이 아직도 안 보이네.

아휴! 내 핏줄은 왜 이렇게 안 보이냐? 힘들어 죽겠네."하다가 나중에 핏줄을 찾아서 또래들이 보는 데서 피를 뽑았습니다. 아이들이 다 즐거운 얼굴입니다. 건강 검진 잔치라도 한 것처럼 즐거워합니다.

건강 검진을 다 받고 집에 돌아가서도 건강 검진 이야기는 계속됩니다.

아이들이 "엄마! 나 피 뽑을 때 안 울었다!" 하면서 그때까지 손에 꼭 쥐고 있던 약솜을 보여 주면서 오른쪽 팔뚝을 걷어 올려 주사 바늘 자국을 보여 줍니다.

"어마! 안 울었어? 너 주사 맞을 때마다 울었잖아. 그런데 어떻게 유치원에서는 안 울었어?" 엄마들마다 어떻게 유치원에서는 울지 않고 피를 뽑았느냐고 신기해합니다.

그러는 가운데 유승주도 가만히 있을 수 없는지 "솜에서 술 냄새 났어요. 그런데요, 피 뽑을 때요, 박찬우하고 유정빈이 소리치고 울었고요, 신근호는 살짝 울었어요. 일곱 살인데 울어요." 합니다. "일곱 살인데 울어요." 이 말은, 일곱 살이면 누구나 할 수 있는 것을 못 해내고 있다는 말입니다. 여섯 살, 다섯 살, 네 살이 우는 것은 그럴 수도 있지만, 일곱 살이 우는 것은 뒤떨어진 것이라고 보는 거지요.

박찬우, 유정빈도 차하진, 김준모처럼 아마 주사 바늘을 꽂지도 않았는데 울었을 겁니다. 아프지도 않은데 겁을 먹고 울었을 겁니다. 이렇게 울면서 울지 않는 또래들을 봤을 겁니다. 막상 주사기로 피를 뽑고 나니 그렇게 소리치고 울 만큼 아프지 않은 것도 알았을 겁니다. "일곱 살인데 울어요." 하는 말을 들은 신근호가 운 것이 쑥스러운지 얼굴을 숨깁니다.

다음날, "하진아, 다음에 피 뽑을 때도 그렇게 울 거야?" 하니 무슨 말인지 알아듣고는, 또래들이 울지 않던 모습을 떠올리면서 이제는 그러지 않을 거라고 고개를 살래살래 흔듭니다.

이렇게 아이들한테는 또래가 가장 좋은 선생입니다.

| 동무 사귀기 2 |
동무를 경쟁자로 키우는 잘못된 교육

요즈음 아이들이 모여 있는 곳이면 "모르는 사람이 다가와서 손을 잡고 같이 가자고 하면 어떻게 하지요?" "안 돼요! 싫어요!" "어떤 사람이 팬티 속으로 손을 집어넣으면 어떻게 하지요?" "안 돼요! 싫어요!" 하는 소리가 가득합니다. 오늘 우리 아이들도 서초 구민 회관으로 성폭력 반대 노래극을 보러 갑니다.

어제는 우리 유치원이 '아동 안전 지킴이 집'이 되었습니다. '아동 안전 지킴이 집'은 동네 아이들이 위험해서 도움이 필요할 때 도와주는 집입니다. 이런 집이 동네 여기저기 있으면 범죄를 예방하는 데 도움이 되기는 하겠지요.

아이들한테 "안 돼요! 싫어요!" 하고 아무리 소리치게 해도, 안전 지킴이 집에서 눈을 부릅뜨고 아이들을 지키려 해도 오늘 아침 뉴스에서 또 어린이 납치 소식을 전합니다. 이렇게 불안합니다.

이런 끔찍한 사건이 날 때마다 신문 방송에서는 '범인은 평소에 친구도 없고 말이 없던 사람'이었다고 합니다. 안양 어린이 사건의 범인도, 저 멀리 버지니아 공과 대학에서 총을 휘둘렀던 사람도 친구가 없었다고 합니다. 아파트에서 뛰어내리는 사람도, 나무에 목을 매는 사람도, 강물에 바닷물에 뛰어드는 사람도 다 '친구도 없이 내성적인 성격'이라고 합니다. 친구가 없는 게 문제입니다.

여섯 살 이연성 엄마가 전화로 "저, 연성이 엄만데요. 우리 연성이랑 박서윤이랑 같이 차 태워 보내 주세요." 합니다. 딸이 좋아하는 친구랑 즐겁게 보내게 해 주려고 서윤이 엄마 허락을 받아서 전화를 한 것입니다. 연성이는 유치원 차에서도 옆자리를 맡아 놓았다가 박서윤이 차를 타면 "박서윤, 이리 와. 여기 앉아." 하면서 자기 옆자리를 내줍니다. 이렇게 박서윤을 좋아합니다.

    서윤: 야, 우리 유치원 좋지?
    연성: 맞아. 정말 좋아. 근데 너 우리 유치원이 왜 좋아?
    서윤: 네가 있으니까 좋지. 근데 너 가끔 유치원 안 올 때도 있어. 나도
        아플 때 유치원 안 간 적 있고.
    연성: 걱정 마. 이제 절대 유치원 안 빠지고 날마다 갈게.

어머나! 박서윤은 이연성이 있어서 유치원이 정말 좋다고 합니다. 그런데 그 좋아하는 이연성이 가끔 안 올 때가 있다고 하니까, 우리 이연성은 참 감동스러워서, "걱정 마. 이제 절대 유치원 안 빠지고 날마다 갈게." 합니다.

친구 따라 강남 간다는 옛말이 왜 있겠어요. 아이들은 세상에 태어나서 세 살, 네 살이 되면 엄마보다 또래를 더 좋아합니다. 아이가 세상을

살아가는 데 필요한 모든 것을 부모한테서도 배우지만 또래한테서 더 많이 배우기에 그렇습니다. 필요한 만큼 친구들과 어울리려 합니다.

그런데 우리 교육이 문제입니다. 이렇게 가만 놓아두기만 해도 친구를 사귀고 세상 살아가는 것을 서로 나누면서 즐겁게 자라는데, 우리 교육은 아이들을 가만 놓아두지 못합니다. 0교시 수업이니 뭐니 하면서 서로 사귀게 하기보다는 경쟁을 시키고 적으로 자라게 하고 있습니다.

초등학교에 갓 들어간 박재홍, 엄마가 "재홍아, 친구 좀 사귀었니?" 하니까 "친구는 쉬는 시간에 놀면서 사귀어야 하는데, 머리가 아파서 엎드려 있었는데 어떻게 사귈 수 있겠어?" 합니다.

그렇습니다. 친구는 공부 시간에 사귈 수 없습니다. 친구는 노는 시간에 사귀어야 합니다. 그런데 우리 교육은 노는 시간이 없습니다. 학교마다 0교시에도 공부를 해야 합니다. 이러니 친구가 없이 커 갑니다. 어른이 되어 갑니다. 경쟁으로 지친 아이들이 차가운 가슴을 가진 어른이 되어 갑니다.

여섯 살 신지호가 하는 말 좀 들어 보자고요.

지호: 엄마, 차하진 있잖아. 차하진이 우리 옆집으로 이사 오면 좋겠어.
엄마: 옆집엔 서영이네가 살고 있잖아.
지호: 그러면 서영이네를 3층으로 이사 보내고, 우리 옆집에는 하진이
      네가 이사 오면 좋겠어. 하진이 우리 집에서 자고 가면 안 돼?
엄마: 하진이 엄마한테 먼저 여쭤 봐야지.
지호: 여쭤 봐서 된다고 하면 우리 큰 침대에서 다 같이 자자. 맨 먼저

아빠가 눕고 그 담에 엄마, 그 담에 나, 그리고 그 옆에 하진이, 그리고 맨 마지막에 지원이(네 살짜리 여자 동생) 누우라고 해.

엄마: 하진이가 그렇게 좋아?

지호: 엉, 너무너무 좋아. 어제 뭐 하는데 내가 뭐라고 하면 하진이 화 낼까 봐 내가 꾹 참고 말 안 했어. 하진이 화나면 나랑 안 놀까 봐. 엄마, 유치원에 찹쌀떡 좀 가져가야겠어. 하진이가 찹쌀떡 맛있대.

신지호는 좋아하는 친구가 우리 옆집으로 이사 오면 좋겠다고 합니다. 그러면 유치원 차도 같은 시간에 같이 타고 다니고, 늦게까지도 같이 붙어 있을 수 있으니까요. 하진이가 화낼 것 같은 말은 꾹 참고 안 한다고도 하지요? 아이고, 하진이가 무엇을 좋아하는지도 살펴서 찹쌀떡도 싸 달라고 하고. 이제 하진이가 너무너무 좋아서 밤에도 같이 자고 싶다고 합니다.

우리 아이들은 이렇게 간절히 친구와 함께 있고 싶어 합니다. 아이들이 간절히 바라는 쪽으로 교육 과정을 짜야 합니다. 유치원 선생님들이 머리를 맞대고 신지호가 한 말로 교육 과정을 짭니다. 그렇게 해서 오는 5월 23일을 친한 친구들과 유치원에서 하룻밤 자는 날로 정했습니다. 아직 여름 벌레가 나오지 않을 때, 달을 올려다보면서 더 많은 친구들을 사귈 수 있도록 도우려고 합니다.

일곱 살 조은성이 "나랑 규웅이는 서로 도움이 돼요. 내가 아는 것을 규웅이가 모를 때, 또 규웅이가 아는 것을 내가 모를 때 서로서로 가르쳐

줘요." 합니다. 이렇게 경쟁을 하기보다 따뜻하게 서로 도우면서 자라려고 합니다.

그런데 우리 교육은 이렇게 따뜻하게 자라려는 아이들을 경쟁시키겠다고 일제고사를 치릅니다. 그래서 전국 아이들을 한 줄로 세워 놓고 친구를 사귀지 못하게 하고 있습니다. 이런 경쟁은 아이들을 지쳐 쓰러져 포기하게 하고 끝내는 친구도 없이 외롭게 만듭니다. 우리 아이들이 어떻게 자라고 싶은지를 들어주고 도와주는 것이 교육입니다.

이규태 집 옆으로 이사 가자

영찬 : 엄마, 우리도 이규태 집 옆으로 이사 가자.

　엄마 : 왜?

영찬 : 규태는 어제 용이랑 같이 놀았는데
　　　 나도 같이 놀고 싶은데 너무 멀어서.
　　　 그러니깐 우리도 규태네 옆으로 이사 가자.

엄마 : 이사는 그렇게
　　　 쉬운 게 아니야.
　　　 그 대신 자주 놀러 가자.
　　　 약속!

일곱 살 한영찬

| 밥상 차리기 |

내일은 누구 마주이야기로 밥 먹어요?

유치원에 있는 내 방에 들어서려니 방문에 돼지족발 광고지가 줄줄이 붙어 있습니다. '누가 이렇게 광고지를 붙여 놨을까?' 하면서 얼른 떼어서 쓰레기통에 넣는데 전화가 울리고 가방 속에 있는 손전화도 울립니다. 그래서 이 전화 저 전화를 받고 있는데 이해성이 문을 열고는, "누가 여기 붙여 놓은 돼지족발 스티커 다 떼었어요?" 합니다. 전화를 받다 말고 "내가 떼었는데, 왜?" 하니, "내가 돼지족발 먹고 싶어서 붙여 놨는데 왜 떼었어요?" 하고 따지듯이 묻습니다. 그러고는 전화에 매달려 있는 나를 못마땅한 듯 보다가, 더는 못 기다리겠는지 그냥 자기 반으로 올라갑니다. 나중에야 '해성이가 돼지족발이 먹고 싶어서 광고지를 붙여 놨다고 했지? 돼지족발? 그동안 유치원에서는 한 번도 먹은 일이 없는데……. 우리 유치원뿐만 아니라 다른 유치원이나 초등, 중등, 고등학교에서도 점심에 돼지족발 먹는 학교는 없으리라. 그런데 돼지족발? 재미있는데.' 싶어 누구나 볼 수 있는 하얀 칠판에다 '10월 16일 월요일은 이해성 마주이야기로 돼지족발 먹는 날!' 이렇게 크게 써 놓았더니, 다음 주 월요일에 돼지족발을 먹는다는 이야기가 쫙 퍼집니다. 해성이는 내가 건성으로 듣는 줄 알았는데 자기 말을 들어준 것을 고마워하면서 또래들한테 "돼지족발, 저거 내 말로 먹는 거다아." 이러면서 싱글벙글입니다.

해성이네 반 선생님이 "해성이네서 전화가 왔는데요, 해성이 아빠가 다음 주 월요일부터 수요일까지 휴가라서 식구들 다 같이 제주도 가야 하는데요, 해성이가 월요일에 해성이 마주이야기로 돼지족발 먹는 날이라서 아빠 휴가에 절대로 못 따라간다고 막무가내로 버팅기고 있대요." 합니다. 아빠와 즐거운 휴가를 가느냐, 유치원에서 돼지족발을 먹느냐에서 돼지족발 쪽이 이겼습니다. "해성아, 아빠 휴가 따라가. 돼지족발 먹는 날은 다음 주 목요일로 하지 뭐." 해서 이 문제를 풀었습니다.

이번에는 이수경 마주이야기입니다.

수경 : 엄마, 나 콩밥 안 먹어.
엄마 : 몸에 좋은 거니까 먹어.
수경 : 싫어, 안 먹을래. 콩 먹으면 토한단 말야.
엄마 : 그래도 몸에 좋은 거니까 꼭꼭 씹어 먹어 봐.
수경 : 싫어! 콩 골라낼래.

수경이 마주이야기를 읽고 칠판에다 '이수경 마주이야기 "콩 먹으면 토한단 말야."로 콩밥 해 먹기.' 이렇게 써 놓고, 수경이와 수경이 엄마가 이 반 저 반에 가서 수경이 마주이야기를 들려줍니다. 수경이 마주이야기를 들은 아이들마다 "난 콩밥 좋아하는데." "나두 수경이처럼 콩밥 싫어해서 콩 먼저 빨리 먹어 버리는데." "나는 검은콩 밥 좋아해요." 이러면서 큰 콩 밥이니 작은 콩 밥이니 이야기꽃을 피웁니다.

수경이 마주이야기로 모든 아이들이 콩밥을 먹습니다. 수경이 옆에 가서 "수경아, 콩 먹기 싫으면 먹지 마." 하니, "싫어요. 먹을래요. 맛있어요." 합니다. 우리 수경이가 한 말 '콩 먹으면 토한단 말야.'를 120명이 들어주고 알아주니 즐거워서 콩밥을 이렇게 먹는 걸까요? 어른들이 짠 식단표대로 해 줬다면 우리 해성이, 수경이와 또래들이 이렇게 재미있고 즐겁게 먹었을까요?

수철이는 유치원 마치고 차에서 내리자마자 엄마를 보고 "아." 하고 입을 벌립니다. 입 안에 오이가 가득 들어 있습니다. 선생님이 골고루 먹이려고 오이 한 쪽 준 것을 입에 넣고는 삼키지도 뱉지도 못한 채 40분 동안이나 입에 넣고 집에까지 그냥 간 것입니다. 수철이가 먹는 것은 달걀부침, 스팸, 소시지 이런 것뿐입니다. 당근을 먹여 보려고 잘게 채 썰어 다져서 달걀부침에 넣어 주니까 울고 앉아 있습니다. "왜?" 하니, 달걀 속에 잘게 썰어 넣은 당근을 다 빼내라면서 웁니다.

유치원에서 점심을 하면 음식 냄새가 퍼집니다. 아이들이 냄새를 맡고는 "미역국이지요? 나 미역국 좋아하는데. 애들아! 오늘 미역국이야!" 하면서 좋아합니다. "오늘은 돼지 불고기, 잡채, 무김치예요." "와! 내가 좋아하는 거다!" 이렇게 골고루 잘 먹는 아이들은 날마다 먹는 즐거움으로 얼굴이 환하고 하루하루를 즐겁게 보냅니다. 그런데 가려먹는 아이들은 "나 미역국 싫어하는데, 무김치도." 이렇게 싫다는 말을 자꾸 되풀이하니, 날마다 먹는 문제로 아이와 어른 모두 다 찡그린 얼굴이고 재미가 없습니다. 날마다 먹고 살아야 하는데 먹는 시간이 고통스럽습니다. 고통스러운 녀석들한테 우리가 먹는 것들이 어떻게 해서 만들어지는지, 맛, 생김새, 갖가지 신기한 색깔을 재미있게 이야기로 이끌면서 즐겁게 먹도록 합니다.

엄마들은 으레 "식단표 좀 보내 주세요." 합니다. 관청에서도 "식단표 좀 보여 주세요." 합니다. 그러면 "마주이야기 유치원은 식단표가 미리 나가지 않고 나중에 나갑니다. 아이들 말로, 마주한 이야기로 더 맛있고 즐겁게 먹어야 하기에 일주일, 한 달 식단표를 미리 짤 수가 없습니다. 아이들 입에서 무슨 말이 나올지 모르기에 그렇습니다." 하고 대답합니다. 마주이야기 교육에서는 점심밥도 아이들 말을 가장 으뜸 자리에 놓고 먹습니다.

아이들이 "내일은 누구 마주이야기로 밥 먹어요?" 하고 묻습니다. 마주이야기 교육에서 아이들이 먹는 밥은 그냥 밥이 아니라 이야기 밥입니다.

　　서희 : 엄마, 이 생두부 진짜 맛있다! 엄마, 김치 더 줘. 두부 싸 먹게.
　　엄마 : 금방 만들어서 따끈따끈해서 더 맛있는 거다.
　　서희 : 어쩐지. 엄마, 난 생두부 좋아하는데, 현범인(동생) 찌개 두부를
　　　　　더 좋아하지. 그치? 아유! 생두부 맛있어.
　　엄마 : 서희가 사 와서 더 맛있다.
　　서희 : 히히히, 나두. 근데 내가 딸랑딸랑 소리 듣고 너무 늦게 나갔나
　　　　　봐. 두부 아저씨가 저기 가 있더라. 담엔 일찍 나가야겠어.

이렇게 서희는 바로 사 온 따끈따끈한 두부를 맛있어합니다.
　칠판에, '내일은 윤서희 마주이야기 "이 생두부 진짜 맛있다!"로 두부 먹는 날!' 이렇게 써 놓고는 서희 엄마한테 딸랑딸랑 두부는 우리 동네에 몇 시에 오는지, 두부 장수 아저씨 전화번호도 알아 놓았습니다.
　'맛있게 익은 배추김치를 돼지고기와 같이 볶아서 두부를 싸서 맛있게 먹게 해야지. 기름에 볶으면 덜 매우니까.'

나를 왜 반찬 골라먹게 낳았어?

규태 : 엄마! 나를 왜 장난꾸러기고 빼빼하고
반찬 골라먹게 낳았어?

엄마 : 엄마가 너를 장난꾸러기고 빼빼하고
반찬 골라먹게 낳아서 그런 거야?
니가 안 그럴 거면 어떻게 해야 하는데?

규태 : 엄마 뱃속에 다시 들어가서 안 장난꾸러기고,
안 빼빼하고, 안 골라먹고, 살찌게 다시 낳아.

엄마 : 니가 반찬 골라먹는 게
너도 싫어?

규태 : 응. 다 좋아해서
안 골라 먹었으면 좋겠는데
싫어하니까 골라내야
되잖아.

일곱 살 이규태

| 마주이야기 시 교육 1 |
아이들 말은 모두 '살아 있는 시'

일곱 살 맹진희가 아침에 유치원 차를 타자마자 혼잣말처럼 "우리 엄마, 아빠 아침부터 싸워요. 내가 싸우지 말라고 했더니, '니가 상관할 일 아냐!' 그래서 그냥 책 봤어요." 합니다.

부모야 싸울 일이 있으니 싸우겠지만, 진희는 아침부터 싸우는 엄마, 아빠가 답답합니다. 하루 시작부터 엉망입니다. 하루를 기분 좋게 열지 못한 나를 알아 달라고, 내 말을 들어 달라고 쏟아져 나온 진희 말입니다.

일곱 살 재원이가 유치원 차에 타더니 앉지 않고 엉거주춤 서 있습니다. "재원아, 앉아! 위험해." 했더니, "의자에 안 앉을래요. 팬티에 똥 묻을까 봐요. 똥 쪼끔 나온 거 같아요. 느낌이 그래요." 합니다.

아침에 재원이가 유치원 차를 타면서 두 다리를 꼬고 "아유, 똥 마려!" 하는데 선생님은 '이걸 어쩌나! 이 좁은 골목에서 뒤에 있는 차는 빨리 가라고 빵빵거리고, 집에 가서 누고 오라고 할 시간도 없고, 차가 비켜 서 있을 자리도 없으니!' 그래서 "그냥 타. 금방 유치원 가니까." 했습니다.

이럴 때 다른 아이들은 일곱 살이 똥 쌌다고 놀릴까 봐 창피당하지 않으려고 안 싼 척하기도 합니다. 그런데 우리 재원이는 이 문제를 어떻게 했나요? 곰곰히 생각해 보고 똥이 조금 나온 것 같은데 앉지만 않으면 똥을 팬티에 묻히지 않을 것 같으니 도와 달라는 말을 한 것입니다.

일곱 살 한은정이 교실에 들어서자마자 "내 동생 승주는요, 아빠 회사 가고, 언니 학교 가면요, 엄마만 밝혀요. 내가 안아 줘도 엄마 쪽만 보고 앙앙 울어요." 합니다.

동생은 아빠 목말을 타고 펄쩍펄쩍 뛰어도 든든했고, 언니가 봐 줄 때도 그런 대로 의지할 만했겠지요. 그런데 아빠 회사 가고, 언니 학교 가고 나니 엄마가, "은정아. 애기 운다. 애기 봐 줘. 하던 설거지 끝내게." 했겠지요. 은정이 딴에는 잘 봐 주려고 우는 동생을 얼러 주고 안아도 주고 그랬겠지요. 그렇지만 이리 비틀 저리 비틀 했을 거고요. 이런 은정이한테 안긴 아기는 금방이라도 쓰러질 것 같아 더 울었을 테고요. 동생이 얼마나 버둥대며 기를 쓰며 앙앙댔을까! 은정이는 아마 아기보다 더 큰 소리로 울고 싶었을 것입니다. "엄마만 밝혀요. 엄마 쪽만 보고." 이런 말로 동생 봐 주기가 얼마나 힘들었는지 쏟아내고 있지요. 애써 안아 주는데도 아기는 버둥대면서 울고 엄마는 "동생도 제대로 못 보니?" 하고요. 이러니 묻지 않아도 알아 달라고 들어 달라고 말이 쏟아져 나옵니다.

일곱 살 천지현은 "나는 왜 생일 선물 안 줘요? 나는 왜 생일 선물 안 주느냐고요? 내 생일 지났는데요. 왜 다른 애들은 다 주면서 나만 안 줘요? 나도 생일 선물 줘요. 나도 생일 선물 줘요오." 이러면서 나를 쫓아다닙니다. 그래서 생일을 알아보니까 2월 21일입니다. '아! 그래서 그랬구나! 2월 21일이면 언제나 봄방학이니 유치원을 몇 년 다녀도 생일 선물을 받아 보지 못했겠구나. 얼마나 섭섭하고 억울했을까?' 해가 다 가도록 다른 애들은 선물 주면서 우리 천지현만 안 주니 왜 안 그렇겠어요. 그래서 자기 말 좀 들어 달라고 쫓아다닌 것입니다. 생일이 지나도 한참 지났지만 시계 선물을 했습니다. 그리고 "지현아, 이번 생일도 졸업식하고 겹치네! 바빠서 또 깜박 잊을지도 모르니까 달력에 이렇게 동그라미 해 놓자." 했습니다.

여섯 살 권민영이 유치원 끝나고 집에 들어서자마자 하는 말을 들어 볼까요.

우리 선생님은 머리카락이 얼굴로 오면,
입을 옆으로 해서 '후' 분다.
이제 나도 머리 풀어 줘.
머리카락이 얼굴로 오면 '후' 하고 불게.

우리 권민영이 선생님을 '좋아한다.' '사랑한다.' 이런 말 안 했는데도 선생님을 좋아하는 마음이 가득 들어 있지요? 이런 말을 어떻게 가르칠 수 있겠어요.

일곱 살 유한솔이는 저녁에 "나 닭죽 또 먹을 거니까 샤워만 하고 이빨은 안 닦았다." 합니다. 딱 한 문장입니다. 그런데 우리 한솔이가 닭죽을 좋아해요, 싫어해요? 좋아하지요. 한솔이 엄마는 이를 닦고 나면 뭐를 먹게 해요, 못 먹게 해요? 못 먹게 하지요. 이렇게 많은 내용이 이 짧은 한솔이 말 속에 가득 들어 있어요.

아이들이 아침부터 저녁까지 하고 싶을 때 터져 나온 말은 깊이가 있고 재미있고 금방 공감하게 되고 감동스럽지요? 아이들 입에서 터져 나온 말은 모두 '시'입니다. 더 재미있고 감동스러우면 아주 좋은 '시'이지요. 이런 '시'를 글자로 쓰고 그림도 그리게 해서 벽에도 붙여 놓고 문집으로도 엮는 것은 더 들어주려고 하는 것입니다.

 이렇게 '시'는 가르치는 게 아니고 아이들이 하고 싶은 말을 하고 싶을 때 마음껏 하도록 들어주는 것입니다.

| 마주이야기 시 교육 2 |
시 쓰기, 가르치지 마세요

여섯 살 박주영 입에서 "외할머니 집에 왜 가?" 하는 말이 터져 나옵니다. 그러고는 "난 안 갈 거야." 합니다. 지금까지는 외할머니네 가자고 하면 두말 안 하고 따라나서던 주영이입니다. 그런데 이번에는 "자전거 타러 갈 거야. 밥보다 자전거가 더 좋다, 모!" "자전거 타러 놀이터 갈 거야." 합니다. 주영이 입에서 자전거, 자전거 이야기가 마구 터져 나옵니다.

이렇게 주영이 입에서 터져 나온 말을 더 들어주려고, 선생님은 주영이에게 자신이 한 말을 글자로 그리고(아직 글자를 몰라서 선생님이 써 준 글자를 보고 쓰니까) 그림으로도 그리도록 돕습니다.

주영이 입에서 터져 나온 말을 글자로 쓰니까 그대로 '시'입니다.

외할머니 집에 왜 가?
난 닭갈비 먹으러 안 가.
자전거 타러 갈 거야.
밥보다 자전거가 더 좋다. 모!

엄마가 아무리 가자고 그래도
난 안 갈 거야.
자전거 타러 놀이터 갈 거야.

주영이가 쓴 시 '밥보다 자전거가 더 좋다, 모!'를 더 들어주려고 주영이 시 밑에다 담임인 윤 선생님과 원장인 저도 글을 씁니다. 더 들어주려고 글로 마주이야기를 합니다.

밥보다 닭갈비보다 자전거가 더 좋다고 하네. 처음 자전거를 샀으니 얼마나 좋고 재미있을까! 주영아, 나는 열두 살 때 자전거를 배웠는데, 그때 기분이 아직도 생생해. 자전거를 타고 바람을 가르며 달리는 기분! 빨리 서둘러서 과천 경마 공원 예약해 놔야겠다. 우리 반 애들하고 다 같이 가서 자전거 신나게 타자. 친구들하고 같이 타면 더 재미있을 거야. 그치?
(2005년 8월 16일 담임 윤선희)

외할머니 댁이 상도동 약수터? 그럼 양녕대군 산소 있는 데쯤? 우리 유치원은 해마다 10월에 상도동에 있는 양녕대군 산소에 갔다가 방배동에 있는 효령대군 산소에 나들이를 가는데. 엄마가 "외할머니네 가자." 하니 "왜?" 하네. 그렇지, "왜?"지. 자전거 타는 재미에 빠져 있는데, 외할머니네고 닭갈비고 뭐고지.
주영아 '밥보다 자전거가 더 좋다, 모!' 이 '시'를 시계 숫자 판에다 쓰고 그림도 그리자. 그래서 시계 속에 넣어서 걸어 놓고 "몇 시야?" 할 때마다

시계를 보면서 자전거 타는 즐거움 속에서 자라자.

　주영이는 여섯 살 때 자전거를 타는데, 나는 결혼해서 애를 둘 낳고 나서 자전거 배웠어. 자전거 타는 재미에 빠진 정도가 아니고 자전거에 미쳐 있었어. 여기 방배동에서 저기 관악산 보이지? 그 밑에 동네 남현동에 살 때인데 거기 사당초등학교 운동장에서 자전거를 배우고 이제 동네로 나선 거야. 그런데 별안간 낭떠러지가! '어마야!' 하면서 정신을 차리니 엉덩이뼈가 부러졌어. 그래서 병원에 다니고, 그래도 자전거에 미련을 못 버리고 타다가 세워 놓은 오토바이를 박아서 돈 물어 주고, 애 둘을 태우고 다니다가 도랑에 꼬라박고. 자전거 얘기하다 보니 끝이 없네. "밥보다 자전거가 더 좋다, 모!" 주영이 말이 맞다 맞아. 우리 언제 같이 놀이터에서 바람을 가르면서 자전거 타자.

(2005년 8월 18일 원장 박문희)

　어때요? 주영이 말을 들어 보니까 가르치지 않아도 재미있지요? 공감이 가고 감동스럽지요? 그런데 우리는 지금까지 이렇게 재미있는 아이들 말을 교육 바깥으로 내쫓아 버리고 가르치고 또 가르치려고만 들었습니다. 그것도 아주 열심히요.

　아이들 말은, 지금까지 보고 듣고 느끼고 생각하고 경험한 것 가운데서도 가장 감동스러운 것을 혼자 알고 있기에는 너무 벅차서 쏟아 놓은 말입니다. 이렇게 쏟아 놓은 말이 그대로 '시'입니다.

　지금까지 시 교육은 운율이니, 7·5조니, 연이니 행이니 이미지 형상화니 이렇게 점점 더 어렵고 어렵게만 몰아갔습니다. 이렇게 아무나 가까이할 수 없도록 울타리를 치고는 대단한 것을 가르치듯 또 가르쳤습니다.

하지만 마주이야기 교육에서는 '말하기 교육은 들어주는 것, 글쓰기 교육은 더 들어주려고 하는 것, 아이들 입에서 터져 나온 말은 다 '시'다.' 이렇게 정리를 했습니다.

마주이야기 교육에서는 '시'를 가르치지 않습니다. 아이들은 '시'를 배우려고 애쓰지 않습니다. 그냥 아이들 입에서 터져 나온 말을 들어주고, 그 말을 더 들어주려고 글자로 쓰다 보면 '시'가 됩니다.

이렇게 쓴 '마주이야기 시'를 유치원 앞에 전시도 합니다. 아이들이 하고 싶어 하는 말을 더 들어주려고 말을 글자로 쓰고 그림으로 그리라고 해서 액자 속에 넣어서 전시를 합니다. 가르쳐서 나온 '시'가 아닙니다. '우리는 이렇게 잘 가르쳤네!' 하면서 보여 주려고 전시하는 것이 아닙니다. 오로지 아이 말을 더 들어주고 알아주고 감동해 주려고 하는 전시입니다.

아이들 시를 오고 가는 사람, 지나는 사람들이 다 들여다봅니다.

"나 죽어서 땅 속에 묻히면 내가 좋아하는 딱지도 같이 묻어 줘. 용진이도 같이 묻어 줘. 무덤 속에서 실컷 딱지치기하게."

김민석 마주이야기 시를 보고 '하하하, 딱지에 미쳐 있군.' 하면서, 모두들 민석이가 얼마나 딱지를 좋아하는지 알아줍니다.

이렇게 아이들 말을 교육 안으로 다 끌어들여야 합니다. 글자로 쓰고 그림으로 그린 것을 집에서, 교육 기관에서, 사회 전시 공간에서 가장 잘 보이는 곳에 걸어 놓고 읽어 주고 알아주고 감동해 주자고요. 억만금을 주고도, 이 세상 그 어디에서도 살 수도, 팔 수도 없는 우리 아이들이라면, 아이들 말, 글, 그림도 그렇게 귀한 작품입니다. 무슨 뜻인지도 모르는 족자나 액자를 비싼 거라고 자랑하면서 떡하니 자랑스럽게 걸어 놓는데, 그런 것들이 우리 아이보다 더 비쌉니까?

자다가 다른 데가 나오면
그게 꿈나라지요?

(자려고 누워서)
정빈 : 엄마! 자다가 다른 데가 나오면 그게 꿈나라지요?

엄마 : 맞아, 정빈아.

정빈 : 그때 풀밭에 가면 안 돼.

엄마 : 왜?

정빈 : 아니, 신발을 안 신었잖아.
풀밭에 가면 발이 더러워질 거 아냐.

엄마 : 신발 신고 가면 되지.

정빈 : 잘 때 신발 신고 자면
어떡해. 이불이 다
더러워질 거 아냐.

다섯 살 김정빈

| 아이들 말이 공부거리 1 |
또래 마주이야기로 하는 공부

"구경만 할게요."는 일곱 살 태환이 말입니다. 그래서 태환이는 '구경만 할게요.' 이야기의 주인공입니다. 아이들은 누구나 주인공으로 살고 싶어 하지요. 그리고 어른들도 흔히 '어린이는 내일의 주인공'이라고 하면서 아이가 주인공으로 자라기를 바랍니다.

유치원에서 선생님이 아이들한테 또래 마주이야기를 해 줍니다. 아이들이 주인공인 이야기지요. "지금까지 누구누구 말을 들었더라?" 하면, 아이들마다 생각나는 또래 이름을 소리쳐 말하느라 야단입니다.

"상형이 말 '바로 결정하면 후회할 수도 있잖아.' 하고, 찬송이 말 '나도 운전면허증 딸래.' 하고, 또 연재 말 '입 다물고 있으면 사 줄 거예요?' 하고, 김민혁 말 '나는 커서 이순신 될 거예요.' 하고 또……."

"어쩜! 잊지 않고 다 알고 있네. 재미있어서 못 잊을 거야. 오늘은 누구 이야기해 줄까?"

선생님이 아이들을 둘러보면서, "태환이 얘기 해 줄까? 태환아, 어제 저녁에 마트 갔지? 그 얘기 애들한테 해 줄까?" 하니 태환이가 "안 돼요. 안 돼!" 합니다. 선생님이 "왜? 엄마 말 안 들은 거라서?" 해도 "안 돼요. 안 돼!"만 되풀이합니다. 아이들이 이러는 태환이를 보면서 '무슨 이야기인데 저러나?' 하면서 더 듣고 싶어졌는지 "태환이 얘기해 줘요!" 하고 소리칩니다.

선생님이 "태환아, 태환이만 엄마 말 안 듣는 게 아니고 다른 애들도 다 그래. 아마 태환이 말 들으면, '어마, 나만 말 안 듣는 줄 알았는데 태환이도 엄마 말 안 듣네.' 하면서 재미있게 들을 거야." 하니 태환이가 마지못해 고개를 끄덕입니다.

선생님이 태환이 마주이야기를 들려줍니다.

"태환이가 어제 저녁에 반찬거리 사러 가는 엄마를 따라서 마트에 갔어. 그런데 거기 미니카가 있는 거야. '엄마, 나 미니카, 미니카 사 줘.' 하니까 엄마가 '엄마 저녁 반찬거리 살 돈밖에 안 갖고 왔어.' 했어. 그러자 태환이가 글쎄, '엄마, 그럼 은행에 가서 통장에서 돈 찾아와.' 한 거 있지? 엄마가 '엄마 통장에 돈 없어.' 하니까 '그럼 카드로 돈 빼와.' 하는 거야. 엄마가 '으이그, 통장에 돈이 있어야 카드로 돈을 빼지.' 했어. 그래도 태환이는 엄마를 더 세게 잡아끌면서 '엄마, 나 미니카, 미니카 사 줘.' 하면서 징징거렸어."

선생님은 태환이가 엄마를 잡아끄는 것처럼, 이야기를 듣고 있는 아이들을 차례로 잡아끕니다. 아이들은 안 끌리려고 안간힘을 쓰고, 자기들이 한 짓이랑 같다고 생각해서인지 웃고 난리입니다.

"태환이한테 시달리던 엄마가 '그럼 저녁 반찬거리 살 돈으로 니 미니카 사고, 밥만 먹고 니 미니카만 보고 있을까?' 했어. 이러니까 태환이가 '응.' 했지. 그랬더니 엄마가 '그냥 가자, 반찬거리도 사지 말고, 니 미니카도 사지 말고 그냥 집에 가자. 빨리 따라 나와!' 했어."

이야기를 듣고 있는 아이들이 숨도 쉬지 않고 침도 삼키지 못하고 긴장하고 있을 때, 성환이가 "우리 엄마는 저러면 혼내면서 때리는데." 하고 끼어듭니다.

"마트 바깥으로 따라 나간 태환이한테 엄마가 '태환아, 아빠가 뭐라 그랬니? 니 장난감, 아빠 허락받지 않고 엄마 맘대로 사 주면, 아빠가 엄마 내쫓아 버린다고 했지?' 하니, 태환이가 '응.' 한다. '엄마 쫓겨나도 좋겠어?' '응.' '너어! 엄마 없이도 살 수 있겠어?' '응.' 이러니 엄마가 어이가 없어서 '그냥 집에 가자.' 했어."

아이들마다 이제부터 어떤 일이 일어날 것인지를 나름대로 상상합니다. "아마 파리채를 집어 들고서 '너 몇 살이야?' '일곱 살.' '너 몇 대 맞기로 했어?' '일곱 대.' '바지 걷어. 어서!' 이러면서 매 맞을 거야." 이런 생각을 하면서 어떤 일이 일어날지 긴장해서 다음 이야기를 기다립니다.

"엄마가 집에 가서 '태환아, 엄마가 반찬거리 살 돈에서 조금씩 모아 가지고 니 미니카 꼭 사 줄게, 오늘은 그냥 저녁 반찬거리만 사자, 응?' 그래도 태환이가 입을 쑥 내밀고 바닥만 내려다보고 있는 거야. 엄마가 '어마, 시계 좀 봐! 일곱 시 다 돼 가네! 아빠 올 시간 다 됐는데 어떡하지? 저녁 반찬거리 하나도 없는데.' 그러자 태환이가 고개를 들면서, '엄마, 나 그럼 미니카 구경만 할게요.' 이런다. 엄마가 '그래, 그래, 태환아. 엄마가 반찬거리 살 돈에서 조금씩 떼어 모아 가지고 니 미니카 꼭 사 줄게. 오늘은 저녁 반찬거리만 사자.' 이러면서 태환이와 엄마가 저녁 반찬거리 사러 마트에 갔어."

이제 아이들은 문제가 풀렸다고 생각하는지 긴장을 풀고 편하게 숨을 쉽니다.

"다시 마트에 가서 태환이는 미니카가 있는 쪽으로 달려가고, 엄마는 반찬거리가 있는 지하 슈퍼로 내려갔어. 그런데 미니카를 본 태환이가, '엄마! 엄마아!' 하고 불렀어. 엄마가 '왜 또 그래?' 하니 태환이가 '엄마, 반찬거리 사고 돈 남으면 나 미니카.' 하니까……."

듣고 있던 아이들이 또 바짝 긴장합니다.

"엄마가 '또 그런다, 또!' 하니까, 태환이가 '알았어요, 엄마. 미니카 구경만 할게요.' 하고 미니카 있는 데로 갔어."

선생님이 이야기를 마치고, "태환아, 그래서 미니카 안 사고 구경만 하고 왔어?" "네." "어쩜! 얘들아, 미니카가 그렇게 갖고 싶은데 구경만 하는 거 어려운 일이니, 쉬운 일이니?" "어려운 일이에요." "재형이, 인영이, 환희, 정우, 형준이, 신명준, 곽기범, 김동욱, 김승언 너희들 미니카 몇 개씩 다 갖고 있지?" "네!" "너희들은 다 있는 거 태환이는 하나도 없는데, 그렇게 갖고 싶은 미니카 안 사고 구경만 하고 온 일이 얼마나 어려운 일이니? 우리 태환이가 어려운 일을 했지? 어른들도 사고 싶은 거 있을 때 못 참아서 사고 후회하고 그러는데, 어쩜 태환이가 이렇게 어려운 일을 해냈니? 우리 어려운 일을 해낸 태환이한테 손뼉, 짝짝짝!"

오늘은 태환이가 주인공인 이야기를 했어요. 태환이 이야기를 또래 스물다섯 명이 재미있게 들어주고 알아주었지요. 즐거움이 스물다섯 배 되었습니다. 태환이는 미니카를 산 것보다도 더 즐거운 얼굴입니다.

이런 즐거움은 태환이가 앞으로도 어떻게 자라야 하는지 길을 밝혀줍니다. 태환이 이야기를 재미있게 들은 또래들도 앞으로 어떻게 자라야 하는지 길이 환히 보일 것입니다. 똑같은 이야기라도 가르치려고만 드는 교육에서는, "말 잘 듣는 착한 어린이 되라고 했지? 그런데 왜 그렇게 엄마 말 안 들어? 또 그럴 거야?" 이러면서 아이를 더 답답하게 할 것입니다.

우리 아이가 주인공인 이야기는 엄마가 더 잘 알고, 그래서 더 잘 이야기합니다. 내일은 웅초 엄마가 웅초 마주이야기 '텔레비전 내 것 좀 보자.'를 아이들에게 이야기해 주러 유치원에 오는 날입니다.

아이들은 누구나 다 주인공입니다. 지금 주인공인 아이는 내일도, 모레도 주인공으로 살아가고, 온 인생을 주인공으로 살아갑니다.

| 아이들 말이 공부거리 2 |
아이들끼리 하는 숫자 공부

아이들을 살려야 하는 공부가 아이들을 죽이고 있습니다. 세상이 온통 푸르른 5월에도 아이들은 공부 때문에 죽어 가고 있습니다.

일곱 살 김민수가 선생님한테 "뭐 해요? 공부해요? 재미도 없는 공부를 왜 해요?" 합니다. 일곱 살밖에 안 된 김민수가 공부를 하면 얼마나 했다고 '재미도 없는 공부'라고 합니다. 그래서 민수한테 "공부 재미없어?" 하니, "유치원 공부는 쉬워서 재미있는데, 내 집 공부는 재미없어요." 합니다. "집에서 무슨 공부 하는데?" 하고 물으니, "한글 떼기, 숫자 세기 이런 거 재미없어요. 우리 엄마한테 말하지 마세요. 그러면 공부 더 많이 하라고 그래요. 비밀이에요." 이럽니다.

전재원이는 "엄마, 나는 놀지 않는 것 같아. 내가 친구랑 좀 놀라면 맨날 몇 시까지 오라고 그러고, 자전거 좀 타라고 그러면 어디 간다고 그러고, 엄마는 빨리빨리 뭐 하라 뭐 하라 그러잖아." 하니, 엄마가 "누가 들으면 너 맨날 집에서 공부하는 줄 알겠다." 하면서 비꼬는데도 전재원은 또 "그래도 나는 맨날 놀지는 않고 뭐 하는 거 같다." 합니다. 이 말은 '이젠 제발 나 좀 놔 주세요. 나 좀 살려 주세요!' 하는 애절한 말입니다.

김민석이는 엄마한테 "내가 엄마 말 잘 들어야 엄마 오래 살아?" 하고 묻습니다. 엄마는 기다렸다는 듯이 "그럼." 합니다. 이러니 민석이는 힘없이 "그럼 엄마는 오래 살아도 나는 오래 못 살아." 합니다. 엄마가 "왜?" 하니, "엄마 말 잘 들으려면 엄마가 하라는 대로 해야 되는데, 공부하라면 공부해야 되고, 밥 먹으라면 밥 먹어야 되고, 하지 말라면 안 해야 되는데, 그럼 엄마는 오래 살아도 나는 오래 못 살아." 합니다.

다 공부하고 맞닿아 있는 문제입니다. 공부가 문제입니다. 이러니 아이들이 만날 "왜 공부를 해야 돼? 왜 학교를 다녀야 돼? 안 가면 안 돼?" 합니다. 어른들이 대답이라고 하는 말이 "똑똑해지라고." "훌륭한 사람 되라고." "잘살라고."입니다. 아이들은 공부 문제로 지쳐 쓰러져 가고 있는데, 어른들은 '경쟁, 경쟁' 하면서 아이들을 죽음으로 몰아가고 있습니다.

아이들 말을 들어주는 것을 으뜸으로 하는 마주이야기 교육에서는 '공부하라'는 말을 못 합니다. 안 합니다. '공부' 하면 '가르친다'는 말이 따라붙는데, 그래서 '가르친다'는 말도 못 합니다. 안 합니다.

아이들 말을 귀담아들으면서 지내다 보니, 아이들이 스스로 얼마나 열심히 공부를 하는지 알게 되었기에 그렇습니다. 공부하라는 말을 하지 않아도 아이들이 스스로 알아서 합니다. 한번 보세요.

아이들이 집에 가는 유치원 차를 탔습니다. 김성준이 신발 바닥을 들여다보더니, "185!" 합니다. 옆에 있던 유종명이 "난 190." 그 뒤에 있던 김도현이 "난 205." 합니다. 185 김성준이 205 김도현한테 "누구 신발이 더 큰가 어디 대보자." 합니다. 둘은 신발을 뒤꿈치부터 맞대어 봅니다. 앞부분이 닿을수록 조마조마한 185 김성준이 신발 앞부리를 위로 들어 올리고는 "이것 봐, 내가 더 크지." 합니다. 김도현도 질세라 앞부리를 더 위쪽으로 올리면서 "이것 봐, 내 신발이 더 크지." 합니다. 누구 신발이 더 크고 작은지 공부하라고 하지도 않았는데 이렇게 자기들끼리 열심히 합니다. 지기 싫어하는 김성준이, "야! 185의 8이 크냐, 205의 5가 크냐? 8이 크지." 합니다. 덩어리 숫자에서 큰 숫자끼리 붙어 보자고 합니다. 똑똑한 김도현이 "야! 205의 200이 크냐, 185의 100이 크냐?" 합니다. 옆에 있던 아이들이라고 뭘 알아야지요. 185 김성준 신발이 큰 것도 같고, 205 김도현 신발이 큰 것도 같고, 눈만 껌벅거립니다. 일곱 살 형들이 이러고 있을 때, 여섯 살짜리들도 신발 바닥에 도대체 뭐가 있길래 저러나 하면서 신발을 벗어 들고 바닥을 들여다봅니다. 그러고는 "난 일칠오." "난 일칠공." 이렇게 주민등록번호 말하듯, 계좌번호 말하듯 읽습니다. 다섯 살짜리들도 도대체 신발 바닥에 뭐가 있길래 형들이 저러나 하면서 신발을 벗어서 바닥을 들여다보며 '숫자처럼 생긴 것들이 있긴 있구나!' 하는 얼굴을 합니다. 서로가 누구 신발이 더 크냐로 목소리를 높여도 문제를 풀 수 없으니 "선생님! 205가 커요, 185가 커요?" 하고 같이 탄 선생님한테 묻습니다. 선생님은 고개를 갸웃거리면서 "숫자가 하도 많아서 잘 모르겠네." 합니다. 차 안은 온통 누구 신발이 더 크고 작냐는 목소리로 가득합니다. 다음 날 교실에서도 누구 신발이 더 크냐를 가지고 떠들다가 결국 "우리 반에서 신발이 가장 큰 애는 205인 김도현이구요, 가장 작은 애는 175 최진서와 박소희예요." 합니다. 기어코 알아내고야 말았습니다.

숫자 공부는 여기서 끝나지 않습니다. 키가 작은 최진서는 키를 크게 하는 병원에 다닙니다. 그래서 크다, 작다가 나올 때 언제나 움츠러듭니다. 그런데 오늘만큼은 집에 들어서자마자 감격스럽게 "엄마, 엄마! 똑같애, 똑같애. 나하고 박소희하고 신발이 똑같애. 나도 175, 박소희도 175야." 합니다. 자기 신발이 가장 작을 줄 알고 움츠리고 있었는데 박소희랑 똑같다는 것에 위로를 받아서 그 숫자가 감동스러워 저절로 말이 터져 나온 것입니다.

아이들끼리 하는 숫자 공부는 이렇게 절실하고 감동스럽기만 합니다. 선생님이 공부를 가르친다고 하면서 놀이에 빠져 있는 아이들을 억지로 끌어모으지도 않았고, "여기 봐! 여기 봐!" 하면서 재미도 없는 칠판을 억지로 보라고 하지도 않았는데 다섯 살 동생들까지 온통 신발 바닥을 살펴보면서 숫자 공부에 빠져들게 했습니다.

이렇게 공부하라는 말을 듣지 않고 자라는 아이들은 자기들끼리 놀고 배우면서 즐겁게 자랍니다.

| 아이들 말이 공부거리 3 |

마주이야기로 하는 지리 공부

아이들 말로 지리 공부를 합니다. 아니, 유치원 아이들이 무슨 지리 공부냐고요? 아이들 말을 들어 보면 알 수 있어요.

여름 방학 때, 일곱 살 서지원이 엄마와 서울역에서 기차를 타고 대구 할머니네 집에 갑니다. 엄마가 밖을 내다보며 지루한듯, "아유, 이제야 대전이네!" 하니, 지원이가 "얼마만큼 더 가야 대구야?" 합니다. 엄마가 "서울에서 여기까지 온 만큼 더 가야 돼." 하니, 지원이는 놀라면서 "와! 우리나라 되게 넓네! 그런데 왜 좁다고 그래?" 합니다.

서울에서 한참을 왔는데도, 또 이만큼을 더 가야 한다고 하니 지원이는 우리나라가 되게 넓다고 놀랍니다. 지원이가 지금 기차를 타고 가면서 눈으로 보고 느끼고 있는 우리나라는 이렇게나 넓은데, 사람들은 왜 좁아터진 땅이라고 하는지 궁금합니다.

선생님이 우리나라 지도를 칠판에다 크게 그립니다. "우리나라가 이렇게 생겼어. 여기는 우리가 살고 있는 서울. 대구는 여기쯤에 있네. 대구는 누가 갔다 왔지?" "서지원이요." "여기 부산은?" "이빈이요." 서지원이 "와! 대구보다 부산이 더 머네!" 하며 놀랍니다. 선생님이 "김지연은 목포, 박세진은 제주도 갔다 왔지?" 하면서 아이들 이름을 갔다 온 곳에다 써 넣습니다. 아이들이 "와! 제주도가 가장 멀다!" 하면서 먼 데 갔다 온 박세진을 부러운 듯 쳐다봅니다. 이러니 박세진은 자랑스러워하며 "우리 외갓집이 제주도라서 방학 때마다 비행기 타고 갔다 온다!" 합니다. 이제 다른 아이들도 다 "우리나라 되게 넓네!" 하면서 "그런데 왜 좁다고 해요?" 합니다. 서지원이 궁금해한 문제를 반 아이들 모두 궁금해합니다.

일곱 살 이동언한테 편지가 왔습니다. "엄마! 편지 봉투에 내 이름 있어요! 이동언! 맞지요?" 엄마는 사진을 보여 주며 "이제 이 사진에 있는 애가 동언이 친구야. 동언이하고 얼굴 색깔이 다르지? 무슨 색이야?" 하고 묻습니다.

"검정색이요."

"동언이는?"

"누런색이요. 얘는 세수를 안 해서 더러워서 검정색이지요?"

"아니야, 동언이는 살 색깔이 누런색이고 얘는 검은색이야."

"얼굴이 검은 애가 어떻게 나한테 편지했어요?"

"엄마가 동언이 이름으로 얘를 도와주겠다고 신청했으니까. 얘는 먹을 것도 입을 것도 없으니까, 동언이가 도와줘야 돼. 이제부터 군것질 열 번할 거 다섯 번만 하고 얘 도와줘야 돼."

"그런데 얘 캐나다에 살아요?"

"아니야. 글자 잘 봐. '케냐'지? 얘는 아프리카 케냐에 살고 이름은 음부구야."

"음부구아가 살고 있는 케냐가 어디 있어요?"

동언이는 케냐가 어디 있는지 알고 싶어 합니다. 자기가 맛있는 것 사 먹는 것도 참아 가며 나누어야 하는 아이가 어디 사는지 얼마나 알고 싶 겠어요.

선생님이 동언이와 엄마가 나눈 마주이야기를 아이들한테 해 줍니다. "애들아, 동언이는 이제부터 누구를 도와줘야 하지? 음부구아는 어디에 살고 있지? 음부구아 살 색깔은? 우리 반에서는 누구 얼굴이 가장 검을 까?" "김민혁이요." "그럼 누구 얼굴이 가장 하얗지?" "최원이요." "우 리 반 동무들 얼굴 색깔도 다 다르네."

아이들하고 선생님이 아프리카 이야기를 합니다.

"애들아, 원장 선생님이 이번 여름에 아프리카 갔다 오면서 찍은 사진 이야. 원장 선생님이 마사이 부족들하고 노래하고 춤추면서 사진 찍은 거야. 마사이 학교 가서 공부도 가르쳤네! 그런데 여행 가기 전에 원장 선생님이 들은 것은 '아프리카는 덥다'야. 그래서 여름옷만 갖고 갔는 데, 아프리카 날씨가 어떻다고 했지?"

"아프리카는 지금 겨울이라서 추워서 두꺼운 스웨터를 사서 입고 목 도리도 두르고 다녔다고요. 그리고요, 산도 없고요, 나무도 없고요, 정 글도 없다고요. 우리나라 산이 더 나무가 많다고 그랬어요."

임소진이 "원장 선생님이 간 데가 아프리카에 있는 남아프리카 공화 국이지요? 거기는 적도 아래라서 우리나라하고 반대예요. 우리나라는 적도 위에 있어서 여름인데 남아프리카는 겨울이에요." 합니다. 천지현 은 "그럼 말레이시아도 지금 겨울이에요? 지도 보니까 말레이시아도 아래에 있는데, 나 말레이시아에 가서 싸이먼 만나 보고 싶다." 합니다. 싸이먼은 우리 유치원에 1년 다니다가 아빠 회사 일로 말레이시아로 갔는데, 엄마가 말레이시아 사람입니다. 임소진이 "말레이시아는 계속 여름만 있는 나라야." 하고 답해 줍니다. 전승희는 "남민지 미국에 갔지요?" 하고, 이상형은 "여섯 살 반일 때, 김나래네 다 중국으로 이사 갔지요?" 합니다. 송창익은 "우리 아빠는 일본으로 출장 갔다 올 때 선물로 이 시계 사 갖고 왔어." 합니다. 이러면서 아이들이 우리 유치원 놀이터에 자주 놀러 오는 데이빗은 어느 나라에서 왔는지도 물어봅니다.

선생님이 세계 지도를 그려서 아이들한테 나눠 줍니다.

"애들아, 먼저 우리나라 찾아서 파랑색 칠해 보자. 다음은 송창익 아빠가 갔다 온 일본에 노랑색 칠하고, 그리고 이동언 새 동무 음부구아가 살고 있는 아프리카에서 케냐 찾아서 빨강색 칠해 볼까? 원장님이 갔다 온 남아프리카 공화국에다가는 초록색 칠해 보자. 남민지가 있는 미국은 칠하고 싶은 색 골라서 칠해 봐. 데이빗 나라 러시아는 무슨 색으로 칠해 볼까?" 하니, 아이들이 "와, 데이빗 나라는 왜 이렇게 커요?" 하면서 입을 다물지 못합니다.

왜 우리나라를 좁다고 하는지 아이들이 스스로 알아 가고 있습니다. 아이들 말로 하는 지리 공부입니다.

| 아이들 말이 공부거리 4 |
아이들 말로 '말하기 공부'

　대구에 있는 유아 교사 문화원 마주이야기 교육 과정에서 '말하기 교육은 들어주는 것'이라고 여럿이 공부합니다. 말하기 교육은, 가르치는 것이 아니라 아이들이 하고 싶은 말을 얼마나 귀담아 들어주느냐가 중요하다고 하루 종일 공부합니다. 마침 여름 방학이라 대구 할아버지 댁에 와 있는 여섯 살 김하은이하고 할아버지를 공부하는 자리에 와 달라고 했습니다. 어떻게 아이들 말을 들어줄 수 있는지를 공부하러 모인 유치원 선생님들께 마주이야기를 가장 쉽고 재미있게 알려 주려고 오라고 했어요. 마주이야기 할 거리를 하은이 마주이야기 공책에서 골랐습니다.

　(자고 일어난 하은이한테)
　할아버지 : 하은아, 엄마가 할아버지하고 자라고 했어?
　하은 : 아니, 내가 혼자서.
　할아버지 : 왜 할아버지, 할머니하고 잤어?
　하은 : 오랜만에 할머니, 할아버지하고 자고 싶어서.

많은 사람 앞에 처음 서는 낯선 자리라 할 말을 잊어버릴까 봐, 서로 나누었던 이야기를 말한대로 연습하라고 했습니다. 하은이는 "왜 자꾸만 하라고 해요?" 합니다. 지금까지는 하고 싶을 때 말을 하고, 말하고 나면 그냥 버렸는데 이번에는 버리지 말고 되풀이해서 하라니까 이상한가 봅니다.

하은이와 할아버지가 앞에 나와서 마주이야기를 합니다. 여섯 살 하은이는 세상에 태어나서 지금까지 열심히 가꾸어 온 말을 합니다.

할아버지는 오랜만에 대구에 온 손녀딸이 할아버지, 할머니하고 같이 잔 것이 기특했나 봅니다. 이러니 며느리가 같이 자라고 시켰는지 알고 싶었겠지요? 하은이는 엄마가 시켜서 잔 게 아니고 자기가 자겠다고 한 것이라고 말합니다. 그러자 할아버지는 하은이가 더 기특해서 왜 자려고 했냐고 묻지요? 할아버지는 이렇게 하은이한테 딱 두 번 묻습니다.

마주이야기를 연습하는데 할아버지는, 자신이 한 말을 쪽지에 써서 보고 읽습니다.

"할아버지, 틀려도 괜찮으니까 글자를 보고 읽지 마시고 그냥 말로 한 번 더 해 보세요." 하면서 쪽지를 달라고 했습니다. 할아버지는 쪽지 없이 말을 하려니 꼭 있어야 할 것이 없어진 듯 쩔쩔맵니다.

이런 일은 엄마, 아빠 심지어 아이들도 마찬가지입니다. 얼마 전에 아이와 엄마, 아빠 온 식구가 마주이야기 녹음을 했습니다. 아이가 한 말이 재미있고 또 시간이 지나면 목소리도 나이를 먹으니까 어렸을 때 목소리를 남겨 주려고요. 엄마, 아빠 모두 자기가 했던 말을 몇 번 연습했는데도, 녹음기 앞에 설 때는 쪽지를 들고 있습니다.

선생님이 "말한 것을 써서 보고 하면 글 읽듯이 말을 하는데……." 하니까 엄마, 아빠 들은 쪽지가 없으면 아무것도 못할 사람들처럼 쪽지를 손에 꼭 쥐고는 "말하듯이 할게요." 합니다. 녹음한 것을 들어 보니 글자를 모르는 아이들 말은 글자를 아예 모르니까 글자를 보지 않고 말을 해서 말이 물 흐르듯 자연스럽고 재미있는데, 글자를 보고 읽은 말들은 들어줄 수가 없을 만큼 거북합니다.

일곱 살 전성진이는 글자를 깨쳤습니다. 여러 사람들 앞에서 아주 자랑스럽게 글자를 보고 읽으면서 마주이야기를 합니다. 선생님이 "성진아, 너 말할 때 글자 보고 말했어? 글자 보고 말하면 말하듯이 못 하고 글 읽듯이 하게 돼." 하니, 무슨 말인지 알아듣고는 "말하듯이 할게요." 하면서도 글자를 보고 읽습니다. 그런데 그 자리에 있던 사람들은, 글 읽듯이 말을 하는 성진이를 보고 "와! 글자 잘 읽네!" 하면서, 말을 말하듯이 못 하고 글 읽듯이 하는 것을 더 알아줍니다. 글자를 줄줄이 읽는다고요. 우리 교육에서는 할아버지, 엄마, 아빠, 아이 다 글자 없이는 못 삽니다.

초등학교 1학년만 들어가면 그저 글자 쓰기, 받아쓰기입니다. "몇 개 틀렸냐?" "백점 맞았냐?" 하면서 글자 쓰기에 목을 맵니다. 이러니 말은 없고 오로지 글자뿐입니다. 글자를 깨치고, 읽고, 쓰고, 달달 외우면 다 됩니다. 그렇게 외운 것을 시험 친 다음 날이면 다 잊어버립니다. 모든 것을 글자에만 기대려고 합니다. 이러니 자기가 생각해서 했던 말인데도 다시 되새기려 하지 않고 기억해 내려고 하지 않고 글자만 보고 있습니다.

그래서 우리 교육에는 말이 없습니다. 말을 해도 누가 알아주지 않으니 저절로 없어졌습니다. 자기가 한 말을 다시 되풀이해서 하는 것도 글자가 있어야만 합니다. 이러다가 아예 생활 속에서 주고받는 살아 있는 말도 없어질 판입니다. 우리 교육은 글자 세상입니다. 글자가 말을 다 먹어 버렸습니다. 글자 세상에 사는 아이들은 말하듯이 쓰는 글쓰기는 못합니다. 말을 버렸으니 글 쓸 거리가 없습니다. 글자만 가지고 주물럭거리다 보니 말은 이미 버려서 못 하고 글쓰기는 말을 버렸으니 쓸 게 없어서 못 합니다. 말 벙어리에다 글벙어리가 되었습니다.

말이 살아나야 글도 살아납니다. 글자에 기대지 말고, 글자를 보고 읽지 말고, 자! 말을 하자고요. 저는 말을 살리려고 마주이야기를 합니다.

공부하다가 장난칠 수도 있지

엄마 : 락균아, 공부할 때, 왜 그렇게 장난쳐?

락균 : 엄마는 그런 거 가지고 소리 지르고 화내?
나 같으면 그렇게 화 안 내겠다.

엄마 : 니가 공부 안 하고 장난친다고 하는데,
화 안 나겠냐?

락균 : 어. 나는 절대 화 안 내. 엄마는 이상해.
공부하다가 장난칠 수도 있지.
재미도 없는 공부인데.

일곱 살 임락균

| 내 손으로 만들고 그리기 1 |

이거 봐요, 이거! 내가 만들었어요

학부모들은 언제나 유치원에서 뭘 가르치는지 묻고 또 묻습니다. 종일반 학부모들은 더더욱 아이들이 하루 종일 무엇을 하는지 궁금해합니다. 몇 시부터 몇 시까지 무엇을 하는지 계획서를 보여 달라고 합니다. 계획서를 보면 좀 믿을 수 있겠다는 말입니다.

"마주이야기 교육에서는 언제나 '이거 봐요, 이거.' 이렇게 아이들 입에서 터져 나오는 아이들 말을 중심 자리에 놓고 하기 때문에 계획서가 없습니다. 그날그날 아이들 말을 들으면서 합니다."

하고 엄마들에게 말하면, 가르치는 교육에 젖어 있는 엄마들은 불안해합니다. 그냥 아무것도 안 한다는 말처럼 들리거나 아니면 아이들을 내버려 둔다는 말로 들리나 봅니다.

어제는 종일반 여섯 살 신명준이 집에 갈 때쯤 휴대 전화기를 보여 주면서 "이거 봐요, 이거." 하더니 전화기에 대고 "엄마, 명준이에요. 나 지금 집에 가요. 응, 응, 엄마, 안녕!" 합니다. 꼭 엄마 말을 알아들은 것처럼 "응, 응." 하면서 전화를 합니다. 명준이가 만든 종이 전화기입니다. 명준이 왼손 안에 쏙 들어오게 에이(A)4 종이를 전화기만 하게 접었습니다. 그리고 휴대 전화기처럼 반으로 접어서는 아래쪽에 색연필로 1부터 0까지, 그것도 여러 가지 색깔로 삐뚤빼뚤 숫자를 써넣었습니다. 더 재미있는 것은 전화기를 왼손으로 잡고 다른 손가락이 아닌, 왼손 엄지손가락으로만 숫자를 꼭꼭 누르면서 전화를 합니다. 아마 명준이 엄마, 아빠가 전화할 때 그렇게 했나 봅니다.

"명준아, 이거 누가 만들어 줬어?" 하니 "내가 만들었어요." 합니다. 숫자 열 개는 형들이 써 줬을 거라고 짐작하면서 "그럼 여기 이 숫자는 누가 써 줬어?" 하고 물었더니 명준이가 "내가 썼어요." 합니다. 여섯 살 명준이가 이 좁은 곳에다 숫자를 다 집어넣느라 얼마나 애를 썼을까! 이렇게 열심히 자라는 모습이 감동스러워 사진에 담아 놓고 싶었습니다. "명준아, 이 전화기 나 좀 빌려 줘. 사진 찍어 놓게." 했더니 "싫어요. 집에 가져갈래요." 합니다.

명준이가 생각하고 생각하면서 종이를 접고 잘못되면 다시 접고 또 접어서 삐뚤빼뚤 숫자를 써넣어 만든 것을 선생님이 알아주고 감동하는 모습을 보면서, 또 그렇게 알아주고 감동해 줄 엄마, 아빠한테 보여 주고 싶었을 것입니다. 만약 엄마, 아빠가 봐 주지 않으면, "이거 봐요, 이거." 할 테고요.

아이들은 집에서나 유치원에서 이렇게 스스로 생각해서 하고 싶은 게 많습니다. 이렇게 하고 싶은 것을 할 수 있게 해 주고, 알아주고 감동해 주는 것이 마주이야기 교육입니다.

일곱 살 임소진 마주이야기 공책에는 날마다 그리고, 오리고, 붙이고, 만들고, 이런 말이 나옵니다.

(휴지 속대에다 열심히 그리고, 오리고, 붙이고 하더니)

소진 : 엄마, 짜자잔!

엄마 : 어머, 윷이네!

소진 : 응, 윷이야.

엄마 : 어떻게 휴지 속대로 윷을 만들었어?

소진 : 다 쓴 휴지 속대가 있어서 윷 만들 생각을 했어. 임현준, 임윤기! 우리 윷놀이하자!

엄마 : 와! 정말 멋지다. 누나 덕에 다들 재미있게 놀게 됐네. 윷놀이하는 거 사진 찍어서 아빠한테 보내 드리자.

　소진이는 이렇게 스스로 생각해서 윷을 만들었다고 합니다. 그리고 엄마는 소진이가 그리고, 오리고, 붙이고 해서 만들어 낸 것을 보고 "어떻게 했어?" "와! 정말 멋지다." 이렇게 알아주고 감동해 줍니다. 세 남매가 날마다 그리고, 오리고, 붙이고, 만들고 하면 집 안이 온통 쓰레기통이 될 텐데도 말입니다.

　신인호가 종일반에 들어서면서, "선생님, 배 접는 거 알아요?" 합니다. 선생님이 "몰라." 하니 "이거 봐요, 이거." 하면서 배를 보여 주는데, 흔히 보는 종이배처럼 가운데가 뾰족하게 튀어나온 배가 아니라 강 같은 데서 노 저으면서 타는 반달 같은 배입니다.

　종일반 아이들이 인호가 만든 배를 보더니 모두 앉아서 배를 접습니다. 그런데 자꾸만 가운데가 뾰족하게 올라오는 마름모꼴 배가 만들어집니다. 최민수가 무슨 생각이 떠올랐는지 마름모꼴 배를 입에 대 봅니다.

마름모꼴 끝을 가위로 잘라서 다시 대 보더니, "선생님, 이거 봐요, 이거." 합니다. 꼭 새부리처럼 되었습니다.

선생님이 "어머! 최민수 너무 재미있다." 하며 마름모꼴 양쪽 끝에 구멍을 뚫어 고무줄을 끼워서 머리에 두르면서, "얘들아, 이렇게 만들어서 끝을 가위로 잘라서 갖고 와. 이렇게 해 줄게." 하니 아이들이 "얘들아, 선생님 봐. 꼭 새 같아." 하면서 재미있어합니다.

신인호는 새부리를 만들어 검은색을 칠하고, 김하은이는 노란색을 칠합니다. 그런데 자기들끼리 봐도 노란색이 예뻤는지 신인호는 다시 접어서 노란색으로 칠하고 다른 애들도 다 노란색으로 칠합니다. 그러고는 빨리 고무줄을 묶어 달라고 선생님 앞에 줄을 서서 "빨리 해 줘요. 내 것 먼저 해 줘요." 합니다. 선생님이 "얘들아, 다 접은 언니, 오빠들은 못 접는 동생들 가르쳐 줘." 하니 최민수가 "싫어요. 빨리 고무줄 묶어 주세요." 합니다. 선생님이 "너도 동생들 가르쳐 주는 거 싫으면 나도 고무줄 묶어 주는 거 싫어." 하니 새부리를 접고 오리고 색칠까지 한 아이들이 다른 아이들을 가르쳐 줍니다. 이래서 노란 새부리를 다 입에 대고 집에 가는 차를 탑니다. 새부리를 입에 달고 서로 보며 즐거워합니다. 그리고 "이거 봐요, 이거." 하는 듯 툭툭 치면서 새부리를 가리킵니다. 오늘은 귀여운 새 유치원입니다.

아이들은 재미있는 일, 즐거운 일, 감동스러운 일이 있으면 함께 나누려고 합니다. 오늘도 종일반에서는 아이들이 하고 싶은 것, 생각해 낸 것, 알아낸 것을 알아주고 감동하면서 하루 종일 함께했습니다. 어제는 다 함께 쌓기 놀이 장난감으로 목욕탕을 만들더니 차례로 씻으러 들어간다고 하면서 오후를 보냈고, 그제는 홀라후프로 놀았습니다. 물론 아이들이 하고 싶은 것을 마음껏 하면서 즐겁게 보낼 수 있게 선생님이 애썼습니다.

'이거 봐요, 이거.'로 종일반 교육을 해내는 마주이야기 교육은, 아이들이 하고 싶어 하는 것을 할 수 있도록 도와주는 교육입니다. 아이들의 생각하는 능력, 문제 해결 능력, 사회성, 성취감 같은 것을 키워 주면서 아이들이 앞으로 살면서 필요한 모든 것을 빈틈없이 채워 갈 수 있도록 도와주는 교육입니다. 교사가 아이들이 할 것을 계획하는 교육이 아니라 아이들이 하고 싶은 것을 아이들이 계획해서 하는 교육입니다.

대학 수시 접수 기간입니다. 학부모들이 입학 설명회에 수천 명씩 가서 앉아 있는 게 뉴스 시간에 나옵니다. "고등학교 졸업반쯤 됐으면 아이들이 다 알아서 스스로 해야 되는 거 아냐?" 하니, "아이들은 공부하느라 시간이 없어서……." 하고 말합니다. 그런 곳에서 하는 말들은 너무 어려워서 아이들은 알아듣지도 못해서 전략을 못 짠다고 합니다. 교육이 뭘까요? 아이들이 시간을 쪼개서 쓸 수 있는 능력, 알아듣는 능력, 이런 것들을 스스로 키워서 문제를 해결할 수 있게 해야 하는 거 아닌가요? 아이들이 서야 할 감동스러운 무대를 어른들이 다 빼앗아 꿰차고 있는 꼴입니다.

여섯 살 임현준이 에이(A)4 종이를 여러 장 접어 비닐 테이프로 이어 붙여 비행기 같기도 하고 미사일 같기도 한 것을 만들어 손에 들고 옵니다. "이게 뭐야?" 하는데, 같은 반 또래들한테 보여 주고 싶은지 자기 교실로 부지런히 올라갑니다. 비닐 테이프 붙이는 데 재미를 들였는지 비닐 테이프를 처덕처덕 붙였습니다. 온통 번질번질합니다. 현준이 엄마한테 "여섯 살인데 비닐 테이프 쓸 때 다치지 않나요?" 물었더니 "비닐 테이프를 하루에 한 개씩 써요. 어제는 비닐 테이프 자르는 톱날에 다쳤는지 목욕할 때 쓰라리다고 하더라구요." 합니다.

지지난해는 아이들이 이순신 놀이를 하면서 칼과 활을 만드는 데 흠씬 빠져서, 아이들 모두를 한강 거북선 나루터로, 아산 현충사로 해서 이순신 무덤까지 다녀오게 하더니, 지난해는 주몽 놀이로, 올해는 대조영 놀이로 이어지면서 역사 공부를 합니다. 유치원에서 누가 가르쳐 주지 않았는데도 스스로 다 합니다.

| 내 손으로 만들고 그리기 2 |
아이들 그림은 '소리 없는 말'

아이들 그림은 '말'입니다. 하고 싶은 말입니다. 소리 없는 말입니다. 아이들은 하고 싶은 말을 글자로, 그림으로 마음껏 나타내면서 자라야 합니다. 그래야 아이들이 시원하게, 자신 있게 자랍니다.

일찌감치 마주이야기 교육에서는 '말하기 교육은 들어주는 것'으로 정리를 했는데요. 아이들이 말을 하고 싶어 할 때, 얼마나 귀담아 들어주느냐가 바로 말하기 교육이라는 말이지요. 아이들 그림은 아이들이 하고 싶은 말입니다. 아이들 말을 얼마나 잘 들어주느냐에 따라 미술 교육은 달라집니다.

한 엄마가 유치원에 와서 "마주이야기 교육에서도 미술 가르쳐요?" 하고 묻습니다. 같이 온 엄마들한테도 "초등학교 가서 그림일기 쓸 때, 그림을 못 그리면 아이들이 고생한대." 이러면서 미술을 가르쳐야 한다고 말합니다. 부모들은 이렇게 미술을 가르쳐야 한다고 난리인데, 미술을 배운 아이들 가운데는 "나 그림 못 그려요. 나 그림 안 그릴래요." 하는 아이들이 많습니다. 또 그림을 재미있게 열심히 그려 놓고도 "나 그림 못 그렸지요? 나 그림 못 그려요." 합니다. 아니, 도대체 누가 아이들 그림을 평가했기에 아이들이 이런 말을 달고 사는 것일까!

 네 살 장서진이 그림을 그립니다. 엄마가 "뭐 그렸어?" 하니 "상어." 합니다. 엄마가 "아유, 무서워라." 하니 서진이가 색연필로 애써 그린 상어를 찍찍 그어 버립니다. "서진아, 왜 그래?" "엄마가 무서워하니까." 아! 엄마가 무서워하니까 상어 안 보이게 하려고! 장서진이 찍찍 그어 놓은 그림 속에는 엄마를 생각하는 네 살 장서진의 마음이 가득 들어 있습니다.

 서진이가 또 그림을 그립니다. 그림 그리는 일에 푹 빠져서 침 삼키는 것도 잊어버렸는지 침이 질질 입 밖으로 흐릅니다. 엄마가 "이게 뭐야?" 하니 그제야 침을 닦으면서 "우리 선생님." 합니다. 엄마가 이렇게 열심히 그린 그림을 유치원으로 보내 왔습니다. "서진이가 선생님을 열심히 그린 그림이에요. 꼭 보세요." 하는 말을 덧달아서요.

 흔히 그림을 가르치려고만 드는 교육에서는 "너 왜 그래? 또 그럴 거야? 그림을 왜 찍찍 그어 버려!" 하면서 아이가 왜 그랬는지는 듣지도 않고 무조건 야단을 치는가 하면, "그림이 이게 뭐야! 이게 선생님이야?" 하면서 아이가 열심히 그린 그림을 쓰레기통에 던져 버립니다. 그리고 아이한테 "이렇게 얼굴을 동그랗게 그리고 눈, 코, 입." 하면서 열심히 가르칩니다. 그런데 이렇게 가르치다 보면 아이들은 가르치는 사람들이 하라는 대로만 그림을 그립니다. 이렇게 흉내 내는 그림을 그려 놓으면 그림 형태가 나타났다고 하면서 칭찬까지 하고, 거기다가 또 상까지 줍니다.

 어른들이 가르친 미술에는 아이들 말은 없고 어른들 말만 가득합니다.

서영이는 코를 그릴 때 언제나 엄마가 가르친 대로 기역, 니은 할 때 니은 자처럼 그립니다. 아이들이 쓰는 물건들도 다 어른이 그린 판박이 그림 투성입니다. 종합장, 스케치북, 수첩, 스티커, 이런 물건들에는 속눈썹은 길고, 눈은 얼굴 반을 덮을 만큼 크고 동그란 공주들이 가득합니다. 이런 그림들이 아이들을 뒤덮었습니다. 아이들은 날마다 보는 게 공주입니다. 그래서 아이들은 어제도 오늘도 공주만 그립니다. 내일도 공주만 그릴 겁니다. 이러다 보니 공주처럼 생겨야 예쁜 얼굴입니다. 공주같이 생기지 않으면 다 못생긴 얼굴입니다. 가르치려고만 드는 미술 교육이, 아이들을 아주 어렸을 때부터 '나는 못생겼다.'는 열등감 속에서 자라게 합니다. 속을 가꾸면서 자신 있게 자라는 게 아니라, 얼굴은 뜯어 고쳐야 하는 것이 되었습니다. 아이들에게 뻔한 그림을 가르치려고만 드는 미술 교육이 오늘날 너도나도 얼굴을 뜯어 고치는 성형외과로 몰려가게 만들었습니다.

아이들이 날마다 보는 교실 뒤 꾸밈판도 온 나라 교실이 다 똑같습니다. 교사들이 책을 그대로 베껴서 그렇습니다. 봄이면 개나리, 진달래가 피고, 벌, 나비, 병아리가 있고, 여름이면 바다풀 사이로 물고기들이 있고, 가을이면 감나무에 고추잠자리, 그렇지 않으면 누런 들판에 허수아비. 겨울이면 또 뻔하지요. 굴속에서 곰, 개구리, 뱀이 겨울잠 자는 모습까지 다 똑같습니다. 그것도 어른들이 선만 그려 놓은 동물, 꽃 그림에 색칠하기, 색종이 뜯어 붙이기처럼 방법조차 똑같습니다. 어른들이 가르치는 미술에는 아이들은 없고 똑같은 어른들만 가득합니다.

다섯 살 민겸이가 그림을 그리고는 "엄마, 이것 봐." 합니다. 엄마가

"민겸아, 이게 뭐야?" 하고 물으니 "김치." 합니다. 엄마는 전혀 김치 같지 않은 그림을 봅니다. "어, 그래? 그런데 이 점들은 다 뭐야?" "어, 이 점들은 엄마가 말한 거 있잖아." "뭐? 고춧가루?" "아니, 몸에 좋은 거 말야. 그게 뭐지?" "유산균?" "어, 그거 말야. 이게 유산균 그린 거야."

다섯 살 민겸이는 눈에 보이지도 않는 유산균을 그려 놓았습니다. 아이들 그림 속에 얼마나 많은 말이, 얼마나 많은 이야기가 들어 있습니까! 그런데 어른들은 이런 감동스러운 아이들 말은 들으려고 하지 않고 가르치려고만 듭니다. 이게 무슨 그림이냐고 하면서, 칭찬이나 상은커녕 알아주지도 않는다면 아이들은 자기가 그림을 못 그린다고 생각하고 그림으로 하는 말을 안 하게 될 것입니다.

일곱 살 임소진이는 요즘 유치원 끝나고 집에 가면 그리고, 오리고, 만들고 하느라고 바쁩니다. "엄마, 고래하고 해가 지는 걸 그렸어. 근데 좀 색다르게 물은 빨강색, 그리고 고래는 노란색으로 칠했어. 고래가 햇빛에 반사돼서 황금색으로 빛나면 얼마나 좋을까 하고."

이소해는 "엄마, 할미꽃은 (허리를 구부리면서) 이렇게 되어 있어요. 원래 활짝 핀 건데, 그런데 모르는 사람이 보면 '저건 시들었네.' 할 거예요." 합니다.

재원이가 엄마 눈썹을 들여다보면서 "엄마, 민수 엄마 눈썹은 털이 없더라. 우리 엄마 눈썹은 털이 많고 까만데. 민수 엄마 눈썹은 털이 없고, 민수 색연필로 그린 거 같다." 합니다.

이렇게 살아 있는 아이들 말을 그림으로 그려야 합니다. 아이들이 하고 싶은 말을 마음껏 그릴 수 있게 해야 합니다. 아이들 말을 더 들어주려고 아이들이 한 말을 글자에 담아 놓듯이, 그림으로도 그리도록 합니다. 아이가 그림으로 그린 것은 아이들이 하고 싶은 소리 없는 말입니다. 아이들은 글자를 쓰기 앞서 그림을 그립니다. 연필을 잡고서 하얀 종이에 가느다란 줄이 그어지는 것을 보고 "이거 봐. 이거." 하면서 감격합니다. 아이로서는 처음 해 본 거니까요. 여러 가지 색으로 그어 보고 놀라워하는 모습은, 꼭 '이런 세상도 있다니!' 하는 모습입니다. 이런 놀라운 일을 하나하나 경험하면서 아이들은 하고 싶은 말을 하듯이, 나타내고 싶은 만큼 그림을 그립니다.

우리가 할 일은 아이가 "이거 봐. 이거" 하면서 혼자 보기 아까워서 함께 봐 달라는 거, 함께 봐 주면서 감동하는 것입니다.

유산균 그린 거야

민겸: 엄마, 이것 봐.
엄마: 민겸아, 이게 뭐야?
민겸: 김치.
엄마: 어, 그래? 그런데 이 점들은 다 뭐야?
민겸: 어, 이 점들은 엄마가 말한 거 있잖아.
엄마: 뭐? 고춧가루?
민겸: 아니, 몸에 좋은 거 말야. 그게 뭐지?
엄마: 유산균?
민겸: 어, 그거 말야. 이게 유산균 그린 거야.

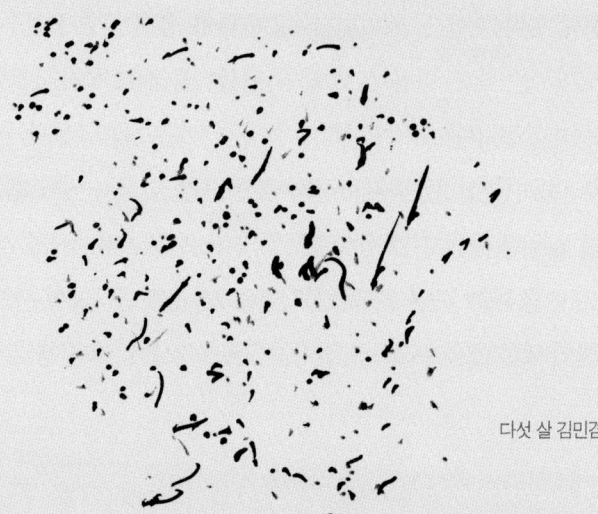

다섯 살 김민겸

| 나들이 1 |
아이들 말로 떠나는 나들이

아이들은 있었던 일을 마음에 가득 담아 놨다가 마치 봇물이 터지듯 말로 쏟아 냅니다. 여섯 살 김민혁이 교실에 들어서자마자 말합니다.

"어제 이순신 죽었어요. 일본 군사 조총 맞고 죽었어요. 쓰러지면서 군사들한테 '내가 죽은 걸 적에게 말하지 마라.' 했어요. 이제 이순신 끝났어요. 어제가 마지막이었어요. 이순신 때는 우리나라 이름이 대한민국이 아니고 조선이었어요. 이순신이 싸운 전쟁이 임진왜란이에요. 우리 집에 임진왜란 책 있는데 갖고 올까요? 나는 커서 이순신 될 거예요."

이렇게 하고 싶은 말이 쉴 새 없이 쏟아집니다. 누가 말을 시키지도 묻지도 않았는데도 말입니다. 담임 선생님도 김민혁 말에 힘을 보태려고 살짝 끼어듭니다.

"맞아. 이순신 때는 우리나라 이름이 대한민국이 아니고 조선이었대."

민혁이 말을 듣고 있던 이형주도 누가 말을 시키지도 묻지도 않았는데 아는 만큼 아는 체를 하지 않고는 못 견디겠다는 듯이 끼어듭니다. "이순신이 없었으면 우리나라 바다는 끝장이지요?" 이렇게요.

김민혁 말을 담임 선생님과 이형주가 들어준 마주이야기입니다. 김민혁 말을 더 들어주려고 같은 반 아이들이 다 모였을 때 김민혁, 담임 선생님, 이형주 이렇게 셋이서 스물다섯 명한테 마주이야기를 들려줍니다. 김민혁이가 그렇게 하고 싶어서 터져 나온 말을 스물일곱 명이 들어주었습니다.

담임 선생님은 김민혁 말을 아이들과 더 들어주려고, "'나는 커서 이순신 될 거예요.' 누가 이렇게 말했지요?" "김민혁은 이순신 때 우리나라 이름이 뭐라고 했지요?" 하고 묻고, "우리 동네에도 조선 때 사람이 있는데……." 하니, 아이들이 눈을 동그랗게 뜨고는, "누군데요? 어디 사는데요?" 합니다. 조선 때 사람이 어디 있느냐고, 가 보자고 입을 모아 떠듭니다. 아이들이 역사 공부를 하고 싶다고 야단입니다.

이렇게 해서 김민혁과 또래들 말을 더, 더, 더 들어주려고 이순신처럼 조선 때 살았던 사람들을 만나러 나들이를 갑니다. 우리 동네 방배역에 있는 세종대왕의 둘째 형, 효령 왕자를 보러 나들이를 갔고, 또 가까이 상도동에 있는 첫째 형, 양녕 왕자를 보러 나들이를 갔다 왔습니다. 내친김에 한글날도 다가오고 해서 멀리 여주에 있는 세종대왕님도 보러 나들이를 갔다 왔지요. 이순신하고 같은 조선 때 사람을 찾아 나들이를 다니는 중에 일곱 살 염지환은, "저는 이순신 어린 시절 만화책이 읽고 싶은데요, 없어서요, 어른 시절 만화책 사 갖고 왔어요." 하고, 또 다른 아이들은 종이를 접어 어깨에 걸 수도 있는 이순신 칼을 만들어서는 멋있게 차고, "이거 봐요. 내가 만들었어요." 합니다. 김민혁 말을 귀담아 들어주면서 모두들 즐겁게 역사 공부를 합니다. 김민혁 마주이야기 공책을 보니 언제나 이순신 말만 터져 나옵니다.

"거북선은 내가 잘 그려요. (애들한테) 애들아! 거북선 못 그리는 사람은 내 꺼 보고 그려. 거북선은 내가 잘 그리니까. (배를 두 개 그려서는) 이건 거북선이구요, 이건 판옥선이에요. 거북선은 뚜껑이 있고 판옥선은 뚜껑이 없어요. 안택선은 일본 배구요, 안택선은 배 위에 집이 있어요. 어제 이순신 또 이겼어요. 그런데요, 거북선은 이순신 부하들이 만들었어요. 근데 어제 텔레비전에서 이순신 몸에도 피 나고 손가락에도 피 났어요. 이순신이 임금님이 하라는 대로 안 해서 벌 받았어요. 이순신 벌 받아서 빨간 장군 옷 안 입고 하얀 옷 입고 있어요."

이렇게 오늘, 지금 자라고 있는 우리 아이들이 가장 알고 싶어 하는 것은 이순신입니다. 그래서 선생님은 아이들을 데리고 계획에도 없는 한강 거북선 나루터도 갔다 왔다고 합니다.

김민혁 할머니는 "아유, 우리 민혁이는요, 이순신을 날마다 컴퓨터로 봐요. 아빠가 퇴근해서 들어와도 인사도 안 하고 봐요. 아빠가 민혁아, 인사해야지 하면, '아빠는 맨날맨날 인사하래, 잉.' 하면서 이순신만 봐요." 합니다.

아이들이 또 소리를 칩니다. "조선 때 이순신도 보러 가요." 합니다. 그래서 10월 5일 날을 잡아서 아산으로 이순신 장군을 만나러 나들이를 가기로 했습니다. 간 김에 삽교에 있는 군함도 보러 가기로 했고요. 아이들 말을 더, 더, 더 들어주려고 나들이를 떠납니다.

| 나들이 2 |
오늘 나들이에서 나쁜 일이 있었어

오늘 나들이에서 나쁜 일이 있었어.
최용진이 짜증낸 거야.
최용진 가방에서 물이 흘렀어.
그래서 최용진 옷을 버렸거든.
"내 옷 젖었잖아! 어떡해."
이렇게 최용진이 막 짜증낸 거야.
그런데 나도 모르게 눈물이 나는 거야.
그래서 울었어.
슬펐어.

유치원에서 나들이를 갔다 왔네요. 그런데 여섯 살 박민서는 즐거운 나들이가 아니고 나쁜 나들이였다고 합니다.
최용진 물통에서 물이 흘러 용진이 가방이랑 옷이 젖었습니다. 최용진이 짜증을 냅니다. 그것도 막무가내로 짜증을 냅니다. 박민서는 아무 잘못도 하지 않았는데 옆에서 그 짜증을 보고 듣고는 눈물 나고 슬프고 그래서 울었다고 하지요?

 여기서 박민서가 하고 싶은 많은 말, 그 속에는 '물이 흘러서 가방, 옷이 젖은 것은 분명 문제이다. 그런데 그렇게 짜증을 낸다고 해서 문제가 풀릴 일도 아니고, 짜증을 낸다고 해서 속상한 마음이 시원해질 것도 아니고, 어차피 그렇게 된 일을 짜증을 막 내서 옆에 있는 사람까지도 슬프게 해서야 되겠느냐? 나는 그런 일이 있어도 그렇게 짜증내어서 옆에 있는 사람까지 슬프고 눈물 나게 하지는 않겠다.' 이런 민서 마음이 가득 들어 있지요.

 박민서는 용진이한테 짜증 부리지 말라고 가르치지도 않았고, 또 그 누구한테도 짜증 부리면 되겠느냐고 가르치지도 않습니다. 그저 자신이 보고 듣고 느끼고 생각한 것이 말로 터져 나온 것입니다. 짜증내지 않고 자라겠다는 야무진 다짐이 말로 터져 나온 것입니다. 마음속 다짐이 가득 차고 넘쳐서 밖으로 터져 나온 것입니다.

 민서뿐 아니라 아이들이 하는 말은 다 마음속 말이 차고 넘쳐서 터져 나오는 것입니다. 나는 이렇게 터져 나온 아이들 말이 감동스럽습니다. 그 누구를 가르치려 들지 않아서 부담스럽지 않습니다. 그냥 감동스럽기만 합니다.

 내가 만나는 사람 가운데도 문제가 생겼을 때, 짜증내는 사람이 가끔 있습니다. 그러면 내가 잘못한 일이 없는데도 옆에서 괜히 답답하고 우울해집니다. '나는 어떤 일이 있어도 짜증내면서 문제를 풀지 말아야지.' 이렇게 다짐을 합니다. 그러다 또 짜증내는 사람을 보면 '짜증은 정말로 내지 말아야지.' 하고 또 다짐을 합니다. '짜증이란 말을 아예 입에

담지 말아야지.' 하면서, 내 딴에는 삶을 가꾼다고 하면서 살아가고 있습니다. 내가 이렇게 짜증 문제를 마음속으로만 다짐을 하고 또 다짐을 하면서 살아가고 있을 때, 우리 어린 박민서 입에서 터져 나온 말은 참 시원하고 공감되고 감동스럽기만 합니다.

오늘 어떤 학부모가 전화를 걸어 왔습니다.

"우리 아이는 ○○유치원에 다니고 있는데요, 유치원에서 주마다 개구리, 꽃, 나비 이런 제목 옆에 사진까지 실어 놓고는 이걸 보면서 아이와 나눈 이야기를 써서 보내라는 숙제를 내주는데요. 그래서 아이한테, '꽃에 대해서 말해 봐.' 하면, 아이는 '할 말 없어.' 해요. '할 말 없어? 꽃 예뻐, 안 예뻐?' 하면, '예뻐.' 하고는 입을 다물어 버려요. 그래서 '꽃에 대해서 말해 봐.' 하면 또 '할 말 없어.' 하고 '꽃에서 냄새 나, 안 나?' 하면 마지못해, '냄새 나.' 합니다. 이렇게 우리 아이는 말할 게 없다고 하는데, 마주이야기 교육에서는 좀 다른 것 같아요. 어떤 점이 다른가요?"

이야기를 들어 보니까, 아이가 말을 하고 싶지 않을 때 말을 하라고 하네요. 마주이야기는 아이가 하고 싶은 말을 하고 싶을 때 들어주자는 것입니다. 아이가 말이 하고 싶을 때, 어른이 듣고 싶지 않을 때도 들어주자는 것이지요.

정 들어주지 못할 때는 나중에라도 꼭 들어주고, 그렇게도 못 했을 때는 미안하게 생각하는 그런 낮은 몸짓으로 아이들을 만나자는 게 마주이야기 교육입니다.

그런데 전화하신 분은 아이가 말이 하고 싶지 않을 때, 하고 싶지 않은 말을 억지로 시키는 게 문제입니다. 어른들 필요에 따라서 아이에게 말을 시키는 것이 문제지요. 말은 왜 있나요? 하고 싶은 말 하면서 자라라고 있는 거지요. 그런데 가르치는 교육에서는 언제나 아이가 하고 싶은 말을 하고 싶을 때는 들어주지 않고, 하고 싶지 않을 때 하라고 합니다. 이것은 어른 중심 교육이고 교사 중심 교육이지요.

기분 나빠질까 봐 가만있었어요

강동민이가 임금님 집에서
내 옷에 진흙 묻혔는데요,
가만있었어요.
기분 좋은데,
기분 나빠질까 봐 가만있었어요.
진흙 닦으려고 하다가요, 가만있었어요.
더 많이 더러워질까 봐, 가만있었어요.

일곱 살 김도현

| 마주이야기 큰잔치 1 |
마주이야기 큰잔치 언제 해요?

올해는 마주이야기 큰잔치를 11월 7일에 하려고 합니다. 마주이야기 큰잔치는, 아이들한테 말을 시키지 않아도, 묻지 않아도 하고 싶어 못 견디고 터져 나온 말을 들어주고 들어주고 더 들어주려고 하는 잔치입니다. 아이들 말을 더 많은 사람들이 들어주고, 알아주고, 감동스러운 만큼 고개를 끄덕여 주면서 맞장구쳐 주는 잔치입니다. 아이들을 사람답게 따뜻하게 자라게 하려고 하는 잔치입니다.

식구들이 올 수 있는 만큼 다 와서 우리 아이 말, 다른 아이들 말을 들어주는 것을 우리는 작은 잔치라고 합니다. 작은 잔치는 5월에도 했고 7월에도 했습니다. 5월 16일에 한 마주이야기 작은 잔치에서는 여섯 살 신지호가 "하진이 우리 집에서 자고 가면 안 돼? 우리 큰 침대에서 다 같이 자자." 이런 말을 했습니다. 그래서 신지호 말을 들어주려고 5월 23일에 유치원에서 다 같이 하룻밤 자는 날을 마련했습니다. 다 함께 또래들과 하룻밤을 지냈습니다. 신지호가 차하진 옆에서 잤습니다. 엄마, 아빠와 떨어져서 유치원에서 처음으로 잠을 자 본 녀석들 가운데 이연성이와 남호준이는 "엄마, 유치원에서 또 자고 싶다. 엄마가 마주이야기 공책에다 내가 또 자고 싶다고 한 말 써." 합니다. 말을 하면 들어주고 글자로 쓰면 더 들어준다는 것을 아는 녀석들입니다. 이렇게 아이들이 하는 말을 더 들어주려고 하는 것이 마주이야기 잔치입니다.

마주이야기 큰잔치는 식구들만이 아니라 멀리 사는 친척들도 올 수 있는 만큼 다 와서 아이 말을 들어주는 날입니다. 이러니 우리 아이들은 자기들 말을 들어주는 잔칫날을 기다리고 기다립니다. 다섯 살 이주나는 "마주이야기 잔치 언제 해요? 와아, 11월에 잔치한다." 하면서 청주에 사는 할머니한테 "할머니, 예쁘게 하고 오세요." 전화를 합니다. 장하연이도 "마주이야기 큰잔치 언제 한다 그랬지요?" 묻고 또 묻습니다. 장하연 언니는 학교에 안 빠지고도 큰잔치에 올 수 있는 날인지를 알아봅니다.

마주이야기 큰잔치에서는 우리 아이가 지금 안고 있는 문제 가운데서 가장 먼저 들어주고 알아줘야 할 문제를 골라서 발표를 합니다. 아이들이 지금 안고 있는 문제는 '마주이야기 공책'에 가득 들어 있습니다.

기범 : 엄마, 난 누구한테 심부름시켜?

엄마 : 갑자기 무슨 소리야?

기범 : 형아는 맨날 나한테 물 가져와라. 닌텐도 가져와라. 충전기 찾아와라 하면서 심부름시키는데, 난 누구한테 심부름시키냐구!

엄마 : 수범아, 기범이한테 심부름시키지 마. 네가 할 일은 네가 알아서 해.

형 : 엄마도 나한테 심부름시키잖아. 그러니까 나도 기범이한테 심부름시키는 거야.

엄마 : 나하고 너하고 같니?

(계속 징징거리고 있으니까)

엄마 : 기범아, 기범이 심부름 엄마가 해 줄게.

기범 : 거짓말! 또 나만 시킬 거면서.

엄마 : 원래 막내는 심부름하는 거야. 엄마도 어렸을 때 심부름 얼마나 많이 했는데. 막내는 어쩔 수 없어.

기범 : 싫어. 나도 심부름시키고 싶단 말이야.

관우 : 엄마 화장하시는 거예요?

엄마 : 응. 아빠가 밖에서 저녁 먹자고 여섯 시 이십 분까지 준비하고 기다리래. 엄마 이뻐?

관우 : 엄마는 화장 안 하면 우리 엄마구, 화장하면은 예쁜 다른 엄마 예요.

준연 : (임금님 집 나들이를 다녀와서) 엄마! 오늘 나들이에 왜 나 과자 안 싸 줬어? 과자!

엄마 : 준연아, 과자가 몸에 안 좋아서 일부러 안 쌌어.

준연 : 그래도 과자 먹고 싶었단 말이야. 그래서 다른 친구들 꺼 주워 먹었어.

엄마 : 뭐? 과자를 주워 먹었어?

준연 : 그래, 다른 친구들이 떨어뜨린 과자 주워 먹었어.

엄마 : 준연아, 떨어진 거 주워 먹으면 안 돼.

준연 : 먹고 싶으니까 그렇지. 그러니까 왜 과자 안 싸 줬어!

일곱 살 기범이는 여러 문제 가운데서 '난 누구한테 심부름시키냐구!'로 하고, 여섯 살 관우는 '엄마는 화장 안 하면 우리 엄마구.'로 하고, 다섯 살 준연이는 '다른 친구들이 떨어뜨린 과자 주워 먹었어.'를 큰잔치에서 더 들어줄 거리로 마련했습니다.

아이들이 많은 사람들 앞에서 자신이 보고, 듣고, 느끼고, 생각하고, 경험했던 일을 발표합니다. 말이 하고 싶어서, 견딜 수 없어서 터져 나온 말이기에 외우지 않고 생각해서 말을 합니다. 발표라고 하면 아이들이나 어른들이나 모두 생각해서 하려고 하지 않고 달달 외우려고 하는 버릇이 있습니다. 지금까지 교육에서 다른 사람이 써 준 말을, 내가 하고 싶지 않은 말을, 내 문제가 아닌 말을 외우고 또 외우고 달달 외워서 하던 버릇이 있기 때문입니다. 그러나 마주이야기 큰잔치에서는 외우지 않고 자기가 했던 말 그대로 생각해서 말을 합니다.

"나 이 바지 안 입을래. 저 치마 입을래." 이런 말이 나오면 '이 바지, 저 치마'를 갖고 와서 말하도록 합니다. '이 바지, 저 치마'가 어떤 옷인지 알아야 듣는 사람들이 쉽게 알아들을 수 있으니까요. 들어주러 오신 분들은 아이들 말을 귀담아 들어줍니다. 그리고 잔치가 끝났을 때 아이들한테 가서 "기범아, 기범이는 정말 누구한테 심부름을 시키지?" "관우야, 화장 안 하면 우리 엄마야?" "하하하 준연아, 다른 아이들이 떨어뜨린 과자 주워 먹었어? 친구들한테 과자 좀 달라고 해 보지 그랬어." 이렇게 아이들 한 명 한 명한테 가서 맞장구를 쳐 줍니다.

아이들 말을 더 들어주려고 마주이야기를 깨끗하게 쓰고 그림도 그려서 온 동네 사람들까지 볼 수 있게 유치원 앞에 전시를 합니다. 더 재미있게 들어주려고 광목 조끼에, 시계 숫자판에, 또 러닝셔츠와 가방에도 마주이야기를 쓰고 그림을 그리게 해서 전시를 합니다. 전시가 끝나면 마주이야기 글과 그림이 있는 조끼와 러닝셔츠는 입고 다니게도 하고, 가방은 메고 다니게 하고, 시계는 가장 잘 보이는 곳에 걸어 둡니다. 두고두고 아이가 안고 있는 문제를 더 들어주고 알아주려고 그렇게 합니다.

아이가 잘 자랐으면 하는 만큼 아이 말을 가장 으뜸 자리에, 가장 앞자리에 놓고 하는 마주이야기 큰잔치는 숫자로 아이들을 줄 세우지 않습니다. 경쟁을 시키지 않습니다. 경쟁을 하다가 '너 죽고 나 살자.' 하면서 지쳐 쓰러지지 않도록 합니다. 마주이야기 큰잔치는 아이들이 살아가는 데 갖춰야 할 모든 것들을 빈틈없이 꽉꽉 채우면서도 신나고 즐겁게 자랄 수 있다는 것을 모두가 함께 알아 가려는 잔치입니다.

아이들 말에 모두가 맞장구를 쳐 주면 아이들은 서로서로 도와 가며 따뜻하고 감동스럽게 자랍니다. 맞장구를 쳐 준다는 것은 아이들을 인정한다는 것입니다. 아이들은 인정을 받으면 자신감이 쌓이고, 자신감은 아이들이 옳고 바르게 자랄 수 있도록 해 줍니다. 아이들은 많은 사람이 들어주고 알아주고 감동해 준 만큼, 바로 그만큼 힘을 얻습니다. 이렇게 힘을 얻은 만큼 아이들은 하고 싶은 일이 많아지고, 하고 싶은 것을 하고 싶은 만큼 하면서 즐겁게 자랄 것입니다.

| 마주이야기 큰잔치 2 |
아이들 말과 몸짓으로 풀어내는 잔칫날

12월입니다. 어린이집이나 유치원에서는 한 해를 보내고 새해를 맞이하는 재롱 잔치나 발표회를 합니다. 선생님은 잘 가르치고 아이들은 잘 따라 하는 것을 보여 주려고 하는 잔치입니다. 춤을 출 때도 몸짓 하나하나를 선생님이 가르친 대로 해야 합니다. 아이들은 안 틀리고 선생님과 똑같이 하려고 무대 밑에 있는 선생님만 보고 합니다. 그래서 구경꾼들은 아이들의 예쁜 눈을 볼 수가 없습니다.

선생님은 뒤에서 안 보인다고 할까 봐 옆에 비켜서서 몸짓을 가르쳐 줍니다. 그러면 아이들은 다 선생님이 있는 옆을 보고 따라 합니다. 앞에서 보면 아이들 눈이 다 옆으로 쏠려서 꼭 사팔뜨기처럼 보이기도 합니다.

춤도 선생님이 어디 가서 배워다가 그대로 가르치는 춤입니다. 아이들이 기쁠 때나 슬플 때, 억울하고 답답할 때, 춥고 배고플 때, 아름다운 것이나 놀라운 것을 봤을 때 하는 몸짓들을 표현할 자리는 없습니다. 아이들은 자신이 드러내고 싶은 것을 표현할 수 없어서 답답하기만 합니다. 이런 잔치 마당은 아이들의 진짜 모습이 없어서 겉돌기만 합니다. 열심히 가르치고 배운 만큼 즐겁지 않습니다. 잔치는 모두가 즐거워야 합니다. 아이와 어른 모두 다 잔칫날뿐 아니라 언제나 즐거워야 합니다.

우리 유치원에서는 아이들이 한 해 동안 겪은 여러 문제들을 말로, 노래로, 몸짓으로 풀어내는 잔치를 합니다. 소리 없는 몸속 말까지도 몸짓으로 다 드러내도록 합니다. 아이들이 표현하는 모든 것들을 많은 사람들이 맞장구쳐 줍니다. 지금까지 아이들이 하고 싶은 말을 들어주고 알아주고 감동했듯이, 아이들 말을 글자로 쓰고 그림으로 그리게 해서 읽어 주고 봐 줬듯이, 또 아이들 말에 곡을 붙여서 노래 부르는 것을 들어 주었듯이, 이번에는 아이들 말과 몸짓을 정성껏 들어주고 봐 줍니다.

네 살 반 녀석들은 뛰는 것을 좋아합니다. 뛰고 또 뜁니다. 그런데 집에서는 아래층 아저씨한테 야단맞을까 봐 마음껏 뛰지도 못하고 자랍니다. "아유, 잘 뛰네. 하늘까지 닿겠네." 하고 맞장구를 쳐 주면 정말 하늘까지 닿을 것처럼 뜁니다. 이렇게 몸이 하자는 대로 하는 아이들은 즐거워서 그런지 더 귀엽고 예뻐 보입니다.

이예원, 문서현이 한쪽 발을 들고 한 발 뛰기를 하면서 "여기 봐요. 나요오, 한 발로도 뛸 수 있어요." 하면서 앙감질을 합니다. 그럼 다른 아이들도 다 따라 합니다. 또래가 하는 것은 같은 또래 아이들 누구나 해낼 수 있는 몸짓이기에 한 번만 봐도 이내 따라 합니다. "잘하네! 어쩜!" 하면서 맞장구를 쳐 주면 더 즐겁게 합니다.

아이들은 즐겁게 자라려고 이렇게 뛰고 놉니다. 이런 즐거운 몸짓을 마주이야기 큰잔치에서 표현하게 해야 합니다.

다섯 살 장하연, 윤태웅은 엄마, 아빠가 데리러 오면 놀이터 쪽으로 엄마, 아빠를 잡아끕니다. 하루 종일 놀이터에서 놀 만큼 놀았는데도 엄마, 아빠와 더 놀고 싶어서 놀이터 쪽으로 있는 힘을 다해 잡아당깁니다. 가은이는 이렇게 잡아끄는데도 아빠가 그냥 차에 태우면 앙앙 울어 버립니다. 이렇게 떼쓰고 우는 것도 아이들이 날마다 하는 몸짓입니다. 더 즐겁게 자라려는 몸짓입니다. 이런 몸짓도 더 많은 사람들이 있는 마주이야기 큰잔치에서 마음껏 풀어냅니다.

다음은 일곱 살 유서진, 남승민이 부대낀 문제입니다.

서진 : 야! 너는 고리잡기도 못하냐?
승민 : 너도 고리잡기 못할 때 있으면서, 잘난 척하냐?
서진 : 내가 뭘 잘난 척했냐? 니가 잘하라고 한 말이지.
승민 : 그게 무슨 잘하라고 한 말이냐? 잘난 척한 말이지.
서진 : 난 잘난 척한 말 아니구 잘하라고 한 말이야.
승민 : 난 니가 잘난 척하는 말 듣기 싫어!
서진 : 잘난 척한 말 아니구 내 생각대로 한 말이다.
승민 : 아무튼 난 내가 듣기 싫은 말 듣는 거 싫어!

이렇게 다투는 걸 옆에서 본 아이들이 끼어들어 한마디씩 합니다. "그게 무슨 잘하라고 한 말이냐? 잘난 척한 말이지." "서진이가 잘난 척한 말 아니고, 잘하라고 한 말이라고 하잖아." 이렇게 편이 갈라집니다. 아주 어려운 문제입니다. 이런 문제도 아이들이 마주이야기 큰잔치에서 말로 몸짓으로 표현하도록 해서 아이들이 '나'를 들여다볼 수 있게 합니다.

남승민 편을 들었던 아이들이 함께 남승민 역을 맡고, 유서진 편을 들었던 아이들이 함께 유서진 역을 맡았습니다. 꼭 자기들이 남승민, 유서진이 된 것처럼 신나서 말하고 몸짓도 합니다.

　유서진, 남승민도 신이 납니다. 자기들이 한 말을 또래들이 나와서 몸짓으로 말로 풀어내고 있으니 마냥 즐겁습니다. 구경하시는 분들도 아이들 말이 가득한 잔치를 보면서 즐거워합니다. 이렇게 마주이야기 유치원 아이들은 살아가면서 겪은 여러 문제들을 말과 몸짓으로 풀면서 새해를 맞이합니다.

그럼 나도 다른 엄마 데려올 거야!

엄마 : 희연이 이렇게 자꾸 말 안 들을 거야?

희연 : 싫어! 싫어! 안 해.

엄마 : 그러면 엄마는 이제 힘들어서,
희연이 다른 엄마한테 데려다 주고
다섯 살짜리 다른 아이 데려와서 키울 거야.
엄마가 예쁜 아이 봐 놨어.

희연 : 그럼, 나도 다른 엄마 데려올 거야.
나도 예쁜 엄마 봐 놨어.

다섯 살 김희연

일곱 살 신민주

| 졸업 잔치 |
아이들 모두가 주인공인 졸업 잔치

충청남도 교육청에서 여는 유치원 교사 연수에 갔습니다. 낯익다 싶은 얼굴들이 다가와 "저 그전에 마주이야기를 서울로 석 달 동안 공부하러 다녔는데요, 그때 아람 유치원도 가 봤는데, 지금은 ○○교육청 장학사로 있어요." "제가 대학원 석사 논문을 마주이야기 시집《침 튀기지 마세요》로 썼는데요, 지도 교수가 '이런 책도 있었는가!' 하면서 놀라셨어요. 지금은 병설 유치원에서 마주이야기 교육을 하고 있어요." "저는 해마다 마주이야기 졸업 잔치를 하는데요, 졸업 잔치에 오신 분들이 이렇게 감동스런 졸업 잔치는 아마 이 세상 그 어디에도 없을 거라고 하더라고요." 합니다.

졸업하는 아이 한 명 한 명이 가는 길을 환히 밝혀 주는 감동스런 졸업 잔치! 그러고 보니 졸업 때가 돌아왔습니다. 우리 유치원 마주이야기 졸업 잔치 모습 좀 보실래요?

"우리 남민지는 졸업 날 어떤 마주이야기 상을 주나?" 하면서 그동안 민지가 열심히 자라면서 하고 싶어 못 견뎌서 터뜨린 말 가운데서 제목만 뽑아서 들여다봅니다.

- 진태는 어른스럽게 말하고 키도 커서 좋고.
- 어! 호준이한테 부드럽게 말하니까 그냥 주네!
- 할머니 피부가 왔다 갔다 해. 귀신 같애.
- 나는 태극기 만들고 싶은데, 미국 선생님이 미국 기념일이라고 자꾸 미국 국기 만들래.
- 한국 사람이 한국에 왔으니까 당연히 좋지.
- 스파게티 베어 먹을 때, 빠진 이빨 사이로 면발이 들어가 안 끊겨.
- 유치원 선생님은 힘드니까 화가 돼야지.
- 유치원에서는 밥 먹을 때, 물배 찬다고 물 못 마시게 하는데.
- 난 할머니 될 때까지 유치원 다닐래요.
- 이 멸치, 녹동에 할머니, 할아버지가 바다에 나가서 잡은 거예요. 무릎도 아픈데.
- 젤리 장난감을 어른들은 징그럽다고 하는데, 어린이들은 재밌어해.
- 우리 유치원 오리, 시골로 보낸대요. 조류 독감 때문에. 그러니까 사진 찍어 놔야 해.

여러 선생님들한테 "남민지는 이 가운데서 어떤 말로 상을 줄까요?" 하니 선생님들이 "'어! 호준이한테 부드럽게 말하니까 그냥 주네!'로 하면 어떨까요?" 합니다. 이렇게 해서 졸업 잔칫날 남민지에게 줄 상은 '어! 호준이한테 부드럽게 말하니까 그냥 주네!'로 하기로 합니다.

졸업 잔치에는 온 식구가 다 옵니다. 그 자리에서 선생님이, "우리 남민지는 '어! 호준이한테 부드럽게 말하니까 그냥 주네!' 상을 받겠는데요, 왜 이 상을 받게 됐는지 민지한테 들어 보기로 해요." 하면 남민지가, "저번에요, 내 의자를 내 동생 호준이가 붙잡고 안 주는 거예요. 제가 의자를 세게 뺏으려고 하니까 호준이가 의자를 더 세게 움켜잡고 안 주는 거예요. 엄마가 '민지야 부드럽게 말해 봐.' 그래서 제가 부드럽게 '호준아, 누나 의자 좀 줄래?' 이렇게 말하니까 의자를 그냥 주는 거예요. 그래서 제가 '어! 호준이한테 부드럽게 말하니까 그냥 주네!' 그랬어요." 합니다.

선생님이 민지 말에 덧붙여서 말합니다.

"이렇게 우리 민지가 세게 뺏을 때와 부드럽게 말할 때가 어떻게 다른지를 알았기에, 앞으로도 부드럽게 자랐으면 해서, '어! 호준이한테 부드럽게 말하니까 그냥 주네!' 상을 주겠습니다. 다음은 전재원. 전재원이는 '나는 맨날 놀지는 않고 뭐 하는 거 같다!' 상을 받겠는데요, 이 상을 왜 받게 되었는지 전재원한테 들어 보기로 해요."

"저번에요, 제가요, 우리 동네 김담희, 윤지원, 김민수하고 자전거 타고 놀고 있는데요. 엄마가요, 어디 간다고 자전거 그만 타고 들어오라는 거예요. 그래서 제가요, '나, 자전거 더 타고 놀래.' 그랬더니요, '빨리빨리 들어와!' 하는 거예요. 그래서 제가요, '엄마! 나는 놀지 않는 것 같아. 친구랑 좀 놀라면 맨날 몇 시까지 오라고 그러고, 자전거 좀 탈라고 그러면 어디 간다고 그러고, 엄마는 빨리빨리 뭐 하라 뭐 하라 그러잖아. 나는 맨날 놀지는 않고 뭐 하는 거 같다!' 그랬어요."

"이렇게 우리 전재원이가 엄마한테 맞춰서 자라다 보니, 어디 가기 싫을 때도 가야 하고, 놀기 싫을 때도 놀아야 하고, 먹기 싫을 때도 먹어야 해서 힘들다는 말을 했지요. 그래서 이제부터는 전재원이 맨날맨날 뭐 하는 것처럼 자라지 않았으면 해서 '나는 맨날 놀지는 않고 뭐 하는 거 같다!' 상을 주겠습니다."

이렇게 한 아이 한 아이 나와서 하는 말을 들어주고 그 마음을 알아주고 감동해 주면서 졸업 잔치를 합니다.

지금까지 우리는, 졸업식이라고 크게 걸개막을 걸어 놓고 졸업생과 어른들을 한꺼번에 오라고 해서 앞자리(무대)를 높고 넓고 화려하게 해 놓고 상 받는 몇 명한테, 아니지 어떤 아이는 무슨 상 무슨 상 해서 몇 가지씩을 받을 때, 나머지 아이들은 손뼉 치고 구경하고 또 손뼉 치고 구경하게 했습니다. 이렇게 아이들을 졸업하는 날까지 구경꾼 자리에 세워 줄이나 맞추고 손뼉이나 치게 한 것이 지금까지 우리 교육입니다. 그렇지 않으면 한 열 가지 상을 준비해 놓고, 애는 씩씩한 쪽이냐 용감한 쪽이냐 갈라서 애는 용감상, 애는 착한상, 애는 예쁜상, 이렇게 꿰맞춰 상을 주었습니다.

그리고 '송사'니 '답사'니 하는 것도, 선생님들이 써 놓고 해마다 날짜만 고쳐서 아이들이 읽게 했습니다. '송사'는 "언니, 오빠…… 안녕히 가세요." 이렇게 하고, '답사'라는 것은 선생님한테 고마운 마음이 없는데도 "고마우신 여러 선생님……." 이러면서 거짓 글을 똑같이 읽게 했습니다. 이러니까 '빛나는 졸업식'이란 게 아이들의 앞길을 밝혀 주기보다는 거짓말만 늘어놓고, 아이들을 겉도는 구경꾼으로 세워 두고 마무리를 시키는 꼴이었습니다.

그런데 마주이야기 졸업 잔치는 아이들 하나하나가 잘 자라는 것을 들어주고 알아주고 감동해 주면서, 손뼉을 쳐 주면서 앞길을 밝혀 주는 잔치입니다.

"장재욱, 재욱이는 '저 이름표 안 달고 왔어요.' 상을 받겠는데요, 왜 이 상을 받는지 우리 재욱이한테 들어 보기로 해요."

"저번에요, 교실에 들어서면서요, '선생님, 저 이름표 안 달고 왔어요. 옷에 구멍 뚫릴까 봐요.' 그랬어요."

"이렇게 재욱이는 선생님이 이름표를 달란다고 달고, 달지 말란다고 안 다는 것이 아니라, 재욱이가 옳다고 생각하는 대로 말을 했기에, 앞으로도 그렇게 옳은 말을 하면서 자랐으면 해서, '저 이름표 안 달고 왔어요.' 상을 주겠습니다. 여러분들도 그렇게 옳은 말을 하면서 자랐으면 좋겠어요."

우리 유치원 졸업 잔치를 본 다른 유치원 선생님들은, "우리도 마주이야기 졸업 잔치 해야지!" 합니다. 그런데 그동안 열심히 귀담아들은 아이들 '말'이 있어야지요. 마주이야기 졸업 잔치는 한 해 동안 아이들이 한 말을 열심히 들어준 유치원에서만 할 수 있는 잔치입니다.

나는 맨날 놀지는 않고 뭐 하는 거 같다

재원 : 엄마! 나는 놀지 않는 것 같아.

엄마 : 놀지 않다니? 그럼 네가 하루 종일 공부만 한다고?

재원 : 내가 친구랑 좀 놀라면 맨날 몇 시까지 오라고 그러고, 자전거 좀 탈라고 그러면 어디 간다고 그러고, 엄마는 빨리빨리 뭐 하라 뭐 하라 그러잖아.

엄마 : 누가 들으면 너 맨날 집에서 공부하는 줄 알겠다.

재원 : 그래도 나는 맨날 놀지는 않고 뭐 하는 거 같다.

일곱 살 전재원

3부

부모와 아이가 함께 크는 마주이야기

| 엄마, 아빠가 하는 숙제 1 |
엄마, 왜 마주이야기 공책 안 써?

가르치려고만 드는 교육에서는 언제나 가르치는 어른이 배우는 아이들한테 큰소리를 칩니다. 민주가 아빠와 함께 수학 학습지를 풀다가 훌쩍입니다.

아빠는 이것도 모르냐면서 "아휴, 답답해! 뭘 잘했다고 울어!" 합니다. 공부를 못하고 싶어서 못하는 것도 아니고, 알면서 모르는 척하는 것도 아니고, 아빠를 답답하게 하려고 일부러 그러는 것도 아닙니다. 잘하고 싶은데도 몰라서 못하는 건데 이렇게 야단을 맞습니다. 가르치는 사람이 어렵게 가르쳐서 못할 수도 있고, 재미있는 것을 재미없게 가르치거나 야단을 치니까 겁나서 못할 수도 있습니다. 이렇게 공부 때문에 혼나다 보니 아예 공부가 하기 싫어진 것일 수도 있는데, 가르치는 어른들은 배우는 아이들만 잘못이라고 야단을 칩니다.

그런데 아이들 말 들어주는 것을 으뜸으로 하는 마주이야기 교육을 하면, 언제나 배우는 아이들이 가르치는 어른들한테 큰소리를 칩니다. 어떻게 그런 일이 있을 수가 있냐고요?

오늘 여섯 살 권환희 엄마가 유치원에 와서 환희와 같이 마주이야기 발표를 합니다. 마주이야기 발표는 아이가 한 말은 아이가, 엄마가 한 말은 엄마가 어린이 연극을 하듯이 발표하는 것입니다. 말하기 교육을 좀 더 쉽게 하려는 방법이지요.

엄마 : 환희야, 한글 공부 하자. 여기 나무 그림 밑에 글씨를 쓰자. '나무' 쓸 수 있지?
환희 : 응. '나무' 글씨 쓸 수 있어. 엄마, 크크크, 너무 웃겨.
엄마 : 뭐가 웃겨? 뭐가 웃긴다는 거야?
환희 : '나무' 글씨 쓰는데, '나' 자가 숫자 '4'처럼 써져. 그래서 '4무' 같아.

아이들과 함께 환희 마주이야기를 들은 선생님이 "이렇게 재미있는 글자, 숫자 공부도 있네!" 하며 맞장구를 쳐 주면서 환희를 나오라 해서 칠판에 '나무'도 써 보라고 하고, 또 '4무'도 써 보라고 합니다.

이렇게 선생님과 아이들이 환희 말을 들어주고 알아주고 감동스러워하니 손혜민이가 부러웠는지, "우리 엄마는 왜 유치원에 안 와요?" 합니다. 선생님이 혜민이 마주이야기 공책을 보여 주며 "이것 봐. 혜민이 엄마는 혜민이 말을 쓴 게 없잖아. 환희 엄마는 환희 말을 이렇게 많이 썼는데. 혜민이도 집에 가서 혜민이 말 써 달라 그래." 하니까 알았다고 하면서 마주이야기 공책을 받아 갑니다.

얼마 지나서 혜민이 엄마가 마주이야기 공책을 보내온 걸 읽어 보았습니다.

혜민 : 엄마, 여기 마주이야기 공책에다 내 말 써 줘. 선생님이 마주이
야기 공책에다 내 말 써서 가지구 오래.
엄마 : 응. 그런데 큰났다. 엄마가 마주이야기 하나두 안 썼네.
혜민 : 아이구 답답해. 엄마, 그것두 못해?

마주이야기 공책은 이렇게 아이 말을 들어주면서 온 식구가 쓰는 공책입니다. 분홍색, 연두색 그리고 노란색 차례로 색지를 넣고 아이가 그린 그림을 넣어 만들었습니다. 권민지는 아주 자랑스럽게 마주이야기 공책을 펴 보이며 "우리 엄마는 내 말 여기 노란색까지 썼다!" 하면서 자랑을 합니다. 또 일곱 살 김효진이와 성세림 마주이야기 공책에는 이렇게 써 있습니다.

효진 : 엄마! 마주이야기 공책 얼마큼 썼어?
엄마 : 요새 통 안 썼는데.
효진 : 왜 안 써? 나 말 많이 하는데 왜 안 써? 열심히 써야지. 마주이야
기 공책 볼래.
엄마 : 뭘 봐. 못 썼다니까.
효진 : 그래도 마주이야기 공책 볼래. 몇 장 썼나 볼래.
엄마 : 맘대로 해.
효진 : 봐야지. (책꽂이에서 찾아와 보면서) 진짜 별루 안 썼네. 왜 안
썼어? 내가 써야지.

세림 : 엄마, 마주이야기 공책, 권민지네는 노란색까지 썼대. 우리도 마
주이야기 공책 빨리 많이 쓰자.
엄마 : 그래, 열심히 써야겠네. 엄마가 마주이야기 공책 한참 못 썼네.
세림 : 마주이야기 공책 쓰기 민지 엄마한테 지겠다. 으이그!

지금까지 열심히 가르치려고만 드는 교육에서 어른들이 아이들에게 야단치던 말을 마주이야기 교육에서는 아이들이 어른들에게 합니다. 아이들은 어른들한테 마땅히 할 말만 합니다. 그저 아이들 말만 쓰면 되는 건데, 글자만 알면 누구나 쓸 수 있는데도 어른들은 마주이야기 공책을 못 씁니다. 어려워서 못하거나 돈이 들어가는 일이라 못 하면 그런가 보다 하겠지만 그것도 아니고. 이러니 야단맞아야지요.

| 엄마, 아빠가 하는 숙제 2 |

아빠가 써야지, 왜 엄마가 써?

요즘 세상에 웃기는 이야기가 돌고 있는데요. 이사 갈 때, 남편(아빠)들이 강아지를 안고 잽싸게 이삿짐 차 운전석 옆에 앉는답니다. 이사 가면서 식구들이 안 데리고 갈까 봐 그런답니다. "왜 안 데리고 간대요?" 하고 물었더니 "젊었을 때 바람피우고 식구들 힘들게 해서 그렇겠지요." 합니다. 아빠들이 젊었을 때 식구들을 힘들게 하면 나중에 이런 대접을 받는구나!

아빠들도 집에서 할 수 있는 한 집안일을 해야 합니다. 아이들이 어려서 보살필 일이 많을 때는 더더욱 아빠들이 집안일을 해야 합니다. 집안일은 엄마가 알아서 한다고요? 엄마들을 보세요. 하루 종일 아기 돌보기, 청소, 빨래, 설거지, 밥하기 같은 것을 모두 도맡아서 힘겹게 합니다. 아빠도 같이 집안일 하기를 기다리고 기다리다 못 견디고 엄마가 일을 다 하게 됩니다. 엄마가 다니는 회사에서 "엄마들은 집에서 할 일이 많으니까 직장에서는 쉬엄쉬엄 조금만 일하세요." 이렇게 봐주는 직장은 그 어디에도 없는데 아빠는 쉬고 엄마는 일을 합니다. 마주이야기 쓰는 일도 당연히 엄마가 하는 것으로 압니다.

하은 : (저녁을 먹으면서) 우리 아빠가 제일 젊더라.

아빠 : 누구보다 젊은데?

하은 : 우리 친구 아빠들보다 젊어 보여.

아빠 : (좋아서) 이 말 엄마가 마주이야기 써야겠다.

하은 : 아빠하고 한 말인데 아빠가 마주이야기 써야지, 왜 엄마가 써?

엄마 : 맞아.

하은 : 엄마는 '맞아.'나 써.

 마주이야기 교육에서는 아이들 말을 더 들어주려고, 집에서도 아이들 말을 공책에 쓰는 거 다 아시지요? 그런데 집에서 아이들 말을 공책에 써 오는 것을 보면 거의 다 엄마가 써서 보내옵니다. 정하은 아빠도 유치원에서 내주는 숙제는 아예 엄마가 하는 것으로 알고 말을 하고 있지요? 그런데 우리 정하은이는 "아빠하고 한 말인데 아빠가 마주이야기 써야지, 왜 엄마가 써?" 합니다. 이러면서 "엄마는 '맞아.'나 써." 합니다.

 하은이 말은, 아빠가 글자를 모르는 것도 아니고, 쓸 시간이 없는 것도 아니고, 또 쓸 거리가 없는 것도 아닌데, 마땅히 할 일을 안 하려고 하는 아빠한테 하는 말입니다.

은서 : 아빠랑 씻을 거야.

아빠 : 아빠는 내일 씻겨 줄게, 오늘은 엄마랑 씻어.

은서 : 싫어, 아빠랑 씻을래.

아빠 : 은서는 누구랑 씻는 게 제일 좋아?

은서 : 아빠랑 씻는 게 제일 좋아.

이렇게 네 살 김은서는 엄마가 아니고 아빠한테 씻겨 달라고 합니다. 이런 일은 하고 싶어도 그리 오래 할 수 있는 일도 아닙니다. 아이가 혼자 씻을 수 있고, 먹을 수 있고, 똥도 닦을 수 있고, 잘 수 있고, 밖에 나가서 놀 수 있을 때가 되면 이런 일은 차츰차츰 줄어듭니다. 이렇게 아이들이 혼자서 다 할 수 있게 되면 도와주고 싶어도, 해 주고 싶어도 그때는 이미 늦습니다.

정하은이는 일곱 살이라서 아직 자기가 한 말을 스스로 글자로 적기 어렵습니다. 그래서 어른들 도움을 받아야 합니다. 김은서가 몸을 씻는 일도 부모 도움이 꼭 필요합니다. 그런데도 정하은이 아빠는 마주이야기를 아예 쓰려고 하지 않고, 김은서 아빠도 은서 씻기는 일을 내일로 미루고 있습니다.

엄마 : 세진아, 아빠 날마다 술 마시고 늦게 오니까 집에서 쫓아내자.
세진 : 그래도 아빠 좋은데.
엄마 : 뭐가 좋아? 날마다 술 마시고 늦게 오는데.
세진 : 저번에 엄마 없을 때, 라면 끓여서 밥 말아 줬는데.

여섯 살 박세진이는 아빠가 라면 끓여서 밥 말아 줬던 일이 아주 감동스럽습니다. 아빠가 움직여 일을 하니 아이가 감동스러워합니다.

일곱 살 백하은 아빠는 회사에서 돌아오면 언제나 하은이와 함께합니다. 하은이 마주이야기도 아주 열심히 씁니다.

> 하은 : 으아! 벌레 벌레! 아빠 빨리 치워 줘.
> 아빠 : (벌레를 먹는 시늉을 합니다.)
> 하은 : (놀라며) 진짜 먹었어?
> 아빠 : (배를 두드리며) 이 몸이 몸보신할라구 먹었지. 크크크. 농담이야, 농담.
> 하은 : 아빤 거짓말만 해.
> 아빠 : 재미있으려고.
>
> 아빠 : (텔레비전에서 김연아가 얼음 위에서 춤을 춥니다.) 야! 멋지다.
> 하은 : (김연아가 팬티만 입고 그 많은 사람들이 보는 데서 춤추는 걸 보고는) 부끄럽지도 않나?
> 아빠 : 뭐가 부끄러운데?
> 하은 : 몰라. (방으로 들어간다.)
> (이 마주이야기를 쓰는데도 하은이는 아빠 목에 매달려서 뭐를 쓰나 검열을 하고 있습니다. 이렇게 표현의 자유가 억압되어서야 진솔하고 적나라한 글이 나오기 어렵겠지요?)

이렇게 백하은이 아빠는 하은이와 재미있게 놀아 주면서 마주이야기를 열심히 씁니다. 감동스런 아빠입니다.

요즘은 예전과 달리 아이들을 열심히 돌보는 젊은 아빠들이 많이 늘었습니다. 우리 유치원에도 아이들을 유치원에 데려다 주고 데려가는 아빠들이 여럿 있습니다. 아빠들이 데리러 오면 아이들이 반가워서 목에 매달립니다. 날마다 이렇게 감동입니다.

일요일인데 놀이터에서 남호준, 박서윤, 전재형, 안응초가 뛰어놀고 있습니다. "엄마는?" 하니 "여행 가셨어요." 합니다. "그럼 누가 봐줘?" "아빠요." 해서 보니 저만치 아빠들이 아이들과 함께 뛰어놀고 있습니다. 그 모습이 감동입니다.

정다현 아빠가 전화로 "우리 다현이 설사를 하는데, 걱정이 돼서요." 합니다. 얼른 다현이한테 가서 작은 소리로 "아빠한테서 전화 왔어. 다현이 걱정된다고. 아침에 설사했다며? 점심 먹기 싫으면 안 먹어도 된대." 하고 알립니다. 다현이가 아빠한테 감동을 합니다. 아이들이 이렇게 아빠한테도 엄마한테도 감동을 받으면서 자라면 좋겠습니다.

아빠가 써야지, 왜 엄마가 써?

하은: (저녁을 먹으면서) 우리 아빠가 제일 젊더라.

아빠: 누구보다 젊은데?

하은: 우리 친구 아빠들보다 젊어 보여.

아빠: (좋아서) 이 말 엄마가 마주이야기 써야겠다.

하은: 아빠하고 한 말인데 아빠가
 마주이야기 써야지, 왜 엄마가 써?

엄마: 맞아.

하은: 엄마는 '맞아'나 써.

일곱 살 정하은

일곱 살 우민우

| 쓸모 많은 마주이야기 공책 1 |
마주이야기로 쓰는 일기

요즘 엄마들은 걱정이 많습니다. 아이들을 가르치고 가르쳐도 생각만큼 안 되니 걱정일 수밖에요. "우리 아이는 이제 일곱 살 되는데요. 목소리가 아주 작아요. 자신감이 없어요." 하면서 "아기 때 문화 센터에서도 공부했고, 어린이집도 2년 보내고, 영어 학원도 1년 보내고, 집에 한글 선생님도 오시는데 그래요." 합니다. 아이가 태어나서 지금까지 가르치는 것이라면 무엇이든 빼놓지 않고 다 가르쳤는데 왜 말을 당당하게 못하냐고 걱정입니다. 왜 글도 신나서 못 쓰냐고 걱정입니다.

이렇게 아이들을 이 학원 저 학원 보내면 자신감도 생기고 말도 당당하게 할까요? 글도 술술 쓰게 될까요? 아닙니다. 오히려 아이는 점점 주눅이 들고 목소리도 안으로 기어들어 갑니다. 왜 그럴까요? 가르치는 교육을 하면서 어른들은 노래하듯 말합니다. "니 말이 시험에 나오냐? 쓸데없는 말 그만하고 공부나 해." 이렇게 어른들이 쏟아 낸 말이 우리 아이들의 말하기 교육, 글쓰기 교육을 지금 이 지경으로 만들어 버렸습니다.

엄마들의 이런 걱정을 풀어 주려고 저는 마주이야기 교육을 합니다.

"아이들 말이 시험에 나와야 합니다. 아이들이 하고 싶어서 견딜 수 없어서 쏟아 낸 말, 이 말이 시험에 나와야 우리 교육의 꽉 막혔던 길이 시원하게 뻥 뚫릴 것입니다." 이렇게 말하곤 합니다. 엄마들이 걱정하는 말하기 교육이나 글쓰기 교육 문제는, 아이들 입에서 터져 나온 '말', 외우지 않고 한 '말'을 집 안으로, 교실 안으로 끌어들여야 풀립니다. 말하기 교육은 가르치는 게 아니고 아이들 말을 귀담아 들어주는 것입니다.

여섯 살 강신선이가, "선생님, 유치원에서 가르치는 꼭두각시 춤은 왜 이렇게 쉬워요? 무용 학원에서 가르치는 춤은 어려운데요." 하기에 "쉬워야 재미있으니까." 했습니다. 그러자 우리 신선이, "어려운 것도 자꾸 하면요 쉬워지구요, 잘해지구요, 재밌어져요." 합니다. 신선이 입에서 쉴 새 없이 줄줄 나오는 말이 감동스러워 곧바로 적으려고 하니 생각이 안 납니다. 그래서 신선이한테 "지금 신선이가 한 말 한 번 더 듣고 싶다." 하니, 자기가 한 말을 잊어버렸는지 고개를 갸웃거리면서 웃기만 합니다.

방금 들었는데도 받아쓸 수가 없는 이런 답답함을 한두 번 겪고 나면 어머니들은 빨래하다가도 얼른 옆에 있는 신문 쪼가리에 끼적여 놓니다. 설거지를 하다가도 얼른 냉장고에 붙여 놓았던 메모지에 끼적여 놓습니다. 이렇게 힘들여서 아이 말을 글자로 써 놓다 보면 나중에는 훨씬 쉽게 아이 말을 마주이야기 공책에 옮겨 적을 수 있습니다. 아이 말을 이렇게 글자로 써 놔야 나중에 더 많은 사람들이 그 아이 말을 들어줄 수 있습니다.

저녁에 아빠가 퇴근해서 신선이 마주이야기 공책을 펴 들고, "어디 보자. 신선아, 어려운 것도 자꾸 하면 잘해지구 쉬워지구 재미있어지는 걸 어떻게 알았어?" 하면서 아이 말을 들어주고 알아주고 감동해 줄 수 있습니다. 그러면 아이는 말하는 재미가 붙겠지요?

그럼 글쓰기 교육은 어떨까요? 유치원 아이들도 일곱 살쯤 되면 글을 쓰고 싶어 하기도 합니다. 글을 쓸 때는 아이가 한 말을 그대로 쓸 수 있도록 도와야 합니다.

혜준이가 일기를 쓰게 된 이야기입니다. 엄마가 "혜준아, '우리 반 열아홉 명이다.' 이 말, 오늘 유치원 끝나고 유치원 놀이터에서 했지?" 하면서 언제, 어디서 무슨 말을 했는지 서로 이야기 나눕니다. 그리고 "그럼 '오늘 유치원 끝나고 유치원 놀이터에서' 하고 써 봐." 합니다. 혜준이가 외워서 하지 않고 생각해서 한 말이니까 무슨 말을 했는지 생각해 내면서 쓰도록 합니다. 이렇게 해서 다 쓴 글을 읽어 보세요.

유치원 끝나고 유치원 놀이터에서 내가 "엄마, 우리 반 친구들 모두 18명이다." 했더니 엄마가 "아, 그래? 다 세어 봤어?" 해서, 내가 "아니, 우리 졸업 여행 갔을 때, 박이은이만 안 갔거든. 근데 그때 선생님이 17명 간다고 했어. 그러니깐 이은이까지 18명이구나 생각했지." 했더니 엄마가 "아, 그랬구나! 안 세어 보고도 딱 알았네!" 해서 내가 "아, 아니다. 우리 반 19명이다. 김민이 새로 들어왔거든. 김민까지 19명이네!" 했더니 엄마가 "새로 온 친구가 한 명 있구나." 해서 내가 "응. 김민이야. 대전에서 살다 이사 왔대. 그래서 19명이야." 했다.

살아 있는 말이니까 살아 있는 글쓰기로 그대로 이어집니다. 이렇게 혜준이가 글자도 쓰고 그림도 그리니까 나중에 이모, 고모, 삼촌도 와서 읽어 보고, "와! 우리 혜준이 초등학교 다니는 종원이 오빠보다도 더 잘 쓰네!" 합니다.

혜준이 사촌 오빠 종원이는 초등학교 2학년인데 쓸 게 없다고 하면서 글을 아예 쓰려고 하지 않습니다. 일기장 앞에서 울고만 있습니다. 그래서 종원이 엄마도 혜준이 엄마가 하듯이 종원이가 한 말을 다시 풀어냅니다. "종원아, 너 오늘 점심 먹을 때 무슨 말했지?" "말 안 했어." "너 말 안 했어?" "응. 입 다물고 밥만 먹었어." "니가 아까 점심 먹을 때, '엄마, 나는 이다음에 아빠처럼 회사에 안 다니고 슈퍼 아저씨 할래.' 그랬잖아. 그랬어, 안 그랬어?" "그랬어." "그 다음 엄마가 뭐라 그랬어?" "말 안 했어." "아유, 답답해. 엄마가 왜 말을 안 해. 했잖아. '왜? 왜 슈퍼 아저씨가 되고 싶어?' 했더니 니가 뭐라 그랬잖아." "말 안 했어." 이렇게 종원이는 무조건 말 안 했다고만 합니다. "너 정말! 으이그, 니가 그랬잖아, 회사 다니면 한 달에 한 번 돈을 버는데, 슈퍼 아저씨는 날마다 돈 버니까 슈퍼 아저씨 한다고." 이렇게 해서 그렇게 쓸 게 없던 종원이가 마주이야기로 일기를 썼습니다.

집에서 점심 먹을 때, 내가 "엄마, 나는 이다음에 아빠처럼 회사에 안 다니고 슈퍼 아저씨 할래." 그랬더니, 엄마가 "왜? 왜 슈퍼 아저씨가 되고 싶어?" 그래서 내가 "아빠처럼 회사 다니면 한 달에 한 번만 돈을 버는데, 슈퍼 아저씨는 날마다 돈 버니까 슈퍼 아저씨 할래." 했다.

종원이 일기를 본 아빠가 "이제 일기 잘 쓰네. 그래 우리 종원이, 아빠처럼 회사원 되어서 한 달에 한 번만 돈 벌지 말고 슈퍼 아저씨 되어서 날마다 돈 많이 벌어라. 아빠도 우리 종원이가 슈퍼 하면 좋겠다. 아빠가 할아버지 되면 우리 종원이 슈퍼 하는 거 도와줘야지." 합니다. 이렇게 들어주고 알아준 만큼 종원이는 글을 쓰는 재미가 붙습니다.

아이들은 가끔 마주이야기 공책을 보면서 누구 엄마가 많이 썼나 견주어 봅니다. "엄마, 김혜준 엄마는 혜준이 말, 벌써 세 권째 쓰는데 엄마는 아직 한 권도 다 못 썼어? 엄마 나 말 많이 하는데 왜 내 말 안 써? 내 말 많이 써 줘." 합니다. 아이들 말하기, 글쓰기 교육의 바탕은 우리 어른들이 아이들 말을 들어주면서 마주이야기 공책에 아이 말을 얼마나 열심히 쓰느냐에 달려 있습니다.

| 쓸모 많은 마주이야기 공책 2 |
또래 마주이야기 들려주기

아이들이 알아야 할 모든 것을 '아이들 말'에서 찾는 마주이야기 교육에서는 날마다 아이들에게 '아이들 말'을 들려줍니다. 유치원에서는 선생님이 들려주고, 집에서는 부모님이 들려줍니다.

아이들 말이 어디 있느냐고요? 아이 말을 귀담아듣고 엄마, 아빠, 선생님이 쓰는 마주이야기 공책에는 아이들 말이 가득합니다. 그 많은 이야기에서, 지금 우리 아이들이 안고 있는 문제 가운데서도 아이들이 "나도 그런데, 나도 그랬는데." 이러면서 시원하게 들을 만한 이야기를 여러 공책에서 골라냅니다. 이렇게 고른 이야기를 주마다 십여 편씩 복사해서 아이들 집으로 보냅니다. 이렇게 보내는 글을 엄마, 아빠가 아이들한테 들려주도록 했습니다.

엄마 : 오늘은 누구 얘기 해 줄까? 이상훈 얘기 해 줄까? 이상훈 니네 반 애야?

아이 : 응. 우리 반 애야. 걔 키 작아. 상훈이 얘기 해 줘. 내일은 최은비 얘기 해 주고.

엄마 : 그래, 이상훈 이야기 해 줄게.

(아침에)

상훈 : 엄마! 잠바 사 준다고 그랬지? 잠바 언제 사 줄 거야?

엄마 : 글쎄, 엄마가 사 주고 싶을 때.

상훈 : 엄마! 잠바 내가 골라야 돼.

(그날 저녁에)

엄마 : 상훈아, 선생님이 마주이야기 하러 가자고 전화 왔는데.

상훈 : 싫어. 나 혼자 마주이야기 하러 가기 싫어.

엄마 : 마주이야기 하러 갔다 오면 내일 잠바 사 줄게.

상훈 : 잠바 사 준다는 말 진짜지? 거짓말하는 거 아니지?

엄마 : 그래. 니 맘에 드는 잠바 골라서 사자.

(그 다음 날 마주이야기 하고 왔을 때)

엄마 : 아이구! 우리 상훈이 잘하고 왔어? 마주이야기 뭐 했어?

상훈 : 눈 오는 거랑 고드름 이야기.

엄마 : 사람들 많이 왔어? 안 떨렸어?

상훈 : 응. 사람들 많았어. 안 떨렸어. 재미있었어. 엄마! 나 잘하고 왔
으니까, 내일 꼭 잠바 사 줘야 해. 고무줄 잠바.

(그 다음 날 아침에)

상훈 : 엄마! 이제 내일 됐으니까, 잠바 사러 가자.

엄마 : 엄마가 가서 사 올게. 너는 집에 있어.

상훈 : 싫어! 내 잠바니까 내가 골라야 된단 말이야. 박형덕처럼 고무줄

잠바.

엄마 : 그럼 시장에 가서 살까, 백화점에 가서 살까?

상훈 : 그냥 시장에 가서 사자.

(시장에 가서)

엄마 : 니 맘에 드는 것으로 골라 봐.

상훈 : 엄마! 이 잠바 맘에 들어.

엄마 : 다른 것도 봐 봐. 예쁜 것 많이 있잖아.

상훈 : 그냥 이 잠바 살래.

엄마 : 어디 보자. 뒤집어서도 입고, 값도 안 비싸고, 잘 골랐다. 그냥 이 잠바 사자.

상훈 : 그것 봐! 내가 잠바 잘 골랐지?

(다음 날)

교사 : 상훈아! 박형덕 같은 고무줄 잠바 샀어?

상훈 : (잠바 모자가 바람에 뒤로 젖혀지지 않게 조이는 끈을 잡아당겨 보이면서) 네. 이거 봐요.

마주이야기는 아이들 말이 이야기의 뼈대입니다. 그래서 마주이야기는 뼈대가 튼튼합니다. 무슨 이야기를 하려는지가 또렷합니다. 일곱 살 이상훈은 오로지 잠바 이야기만 합니다. 잠바를 자신이 고른다고 벼르고 있습니다. 그것도 또래 박형덕이 입은 고무줄 잠바같이 모자가 바람에 뒤로 젖혀지지 않는 그런 잠바를 사겠다고 벼르고 있습니다. 상훈이 마주이야기는 이런 문제를 풀어 가는 이야기입니다. 이렇게 뼈대가 살아 있는 동무들의 마주이야기를 들려주면 아이들은 아주 재미있게 듣습니다. 먼 나라 이야기나 옛날이야기는 말 그대로 먼 나라 옛날이야기입니다. 그러나 아이들의 싱싱한 말이 담긴 마주이야기는 오늘을 살아가는 지금 아이들의 이야기입니다. 지금 아이들이 안고 있는 문제를 여러 동무들이 같이 이야기하면서 함께 풀어 갑니다. 이렇게 문제를 풀어 가면서 어떻게 자라야 할까 생각하는 힘을 길러 갑니다.

엄마 : 은비야, 엄마가 예쁜 운동화 사 왔는데, 맞는지 한번 신어 볼래?

은비 : 난 별로 맘에 안 드는데…….

엄마 : 뭐가 맘에 안 들어? 엄마는 예쁘기만 한데.

은비 : 이거 유치원에 신고 가면, 남자애들이 놀린단 말야.

엄마 : 뭐라구 놀리는데?

은비 : 저번에 이모가 사 준 운동화도, 축구화 같다고 남자애들이 놀렸단 말야. 그리고 금색 슬리퍼도, 뭐라고 놀렸던 것 같은데 기억이 안 나. 나 그냥 샌달 신고 다닐래.

엄마 : 친구들이 놀리면 엄마가 쫓아가서 혼내 줄게. 그리고 샌달은 여름에나 신는 거지. 지금은 가을이잖아.

은비 : 왜 맨날 엄마는 엄마 마음만 있어? 이젠 내 운동화니까 내 맘대로 할래.

엄마 : 그래, 니 맘대로 해라. 이제 다시는 신발이며 옷이며 안 사 줄 거야. 그러니까 겨울에도 샌달 신고 다녀! 알았지? 운동화 신고 다니기만 해 봐라.

은비 : 그럼 오늘 유치원에 딱 한 번만 신고 가서, 남자애들이 안 놀리면 계속 신고 다닐 테니까, 겨울 되기 전에 내 맘에 드는 예쁜 신발 또 하나 사 주기다. 응?

엄마 : 그래 알았다 알았어! 니 고집을 누가 꺾겠냐!

일곱 살 최은비 마주이야기의 뼈대는 신발 이야기입니다. 엄마 마음대로 사 온 운동화 문제로 다투고 있습니다. 엄마는 예쁜 것으로 사 왔다고 하지만, 은비가 보기에는 이 운동화도 유치원 남자애들이 놀릴 것 같습니다.

이렇게 아침에 실랑이를 하면서 운동화를 신겨 보낸 엄마가 직장에 가서 유치원에 전화를 했습니다. 아침에 있었던 일을 이야기하면서 은비가 신을 잘 신고 다니게 도와 달라고요.

그래서 선생님이, "은비 어머니, 아침에 한 마주이야기 그대로 써서 보내 주세요." 했습니다. 선생님이 또래들한테 은비 마주이야기를 들려줍니다. 그리고 "은비야! 이 운동화 새로 샀어? 와, 가을 색깔이다. 이제 나뭇잎들도 붉게 물들 텐데, 가을 단풍잎 색깔하고 같네! 그리고 바닥이 위까지 올라오고. 선생님은 이런 운동화 처음 봤네! 애들아, 은비 운동화 다른 것하고 다르게 생겼지? 우리 은비 운동화 자세히 살펴보고 그려 보자. 크기, 색깔, 생김새, 바닥이 위까지 올라오고, 묶은 게 찍찍이인가 끈인가?" 하고 물어보고, 아이들과 이야기도 나눕니다. 은비는 그 다음부터 그 빨간색 운동화만 신고 다닙니다.

집에서도 은비 이야기를 합니다. 아이들은 "엄마! 은비 이야기, 유치원에서도 들었어. 그런데 또 해 줘. 나랑 똑같다, 그치 엄마?" 이러면서 자신이 안고 있는 문제와 같은 문제를 안고 있는 아이가 둘레에 있다는 것만으로도 시원해하면서 듣습니다.

이렇게 유치원에서뿐 아니라 집에서도 날마다 아이들한테 또래가 한 말을 들려줍니다. 그 말은 모두 '내가 주인공인 이야기'거나 '내 동무가 주인공인 이야기'입니다. 말이 하고 싶어서 견딜 수 없어서 터져 나온 말입니다. 들어 달라고요. 교육적이니 사고력이니 탐구력이니 하는 말이 없어 부담스럽지 않습니다. 아이들마다 다 갖고 있는 문제라서 듣기만 해도 '나만 그런 문제가 있는 줄 알았는데 다른 아이들도 그러네.' 하면서 시원해하면서 위로를 받습니다. 오늘, 지금 이 자리에서 같이 지내는 또래들 이야기라서 때와 곳, 이름을 알기 쉽고, 쉽게 알아들은 만큼 재미있어 합니다. 이렇게 아이들 살아 있는 말이 집과 유치원에 가득 들어차면 집도 유치원도 살아나고 아이들도 다 살아납니다.

아이들은 또래들이 안고 있는 문제를 재미있게 듣는 만큼 서로 알아가고, 안 것만큼 서로 가깝고 따뜻하게 지냅니다.

주어 온 거 안 더러워 깨끗이 닦을 거야

나 놀이터에서 종알 모아 왔어.
주어 온 거 안 더러워.
집에서 깨끗이 닦을 거야.
잘 보관했다 쓸 거야.
엄마는 맨날 내 물건은 쓸모없대.
저번에도 막 버리고.
엄마한테 소중하지 않은 것도
나한테는 소중할 수 있는 거잖아.

일곱 살 이해성

| 아이 마음 풀어 주기 1 |
난 아빠 없이 살 수 있어!

아이들을 혼냅니다. 말을 안 듣는다고 혼냅니다. 이제부터 말을 잘 들으라고 혼냅니다. 앞으로는 두 번 다시 이렇게 혼날 짓은 하지 말라는 듯 "또 그럴 거야?" 이러면서 안 그러겠다는 약속을 '매'를 들어서라도 억지로 받아 냅니다.

다섯 살 김은지가 엄마한테 "엄마, 나 이제부터 엄마 말 안 들을래. 엄마가 아까 나 혼냈잖아. 혼내지 않으면 말 잘 들을 건데." 합니다. 엄마가 말을 안 듣는 은지에게 말을 잘 들으라고 혼을 냈는데, 은지는 이제부터 말을 더 듣지 않겠다고 합니다.

여섯 살 김수민이 아빠한테 엄청 혼나고 펑펑 울면서 "엄마, 난 아빠가 반쪽이었으면 좋겠어. 난 아빠가 색종이였으면 좋겠어. 나, 아빠를 종이처럼 막 꾸겨 놓고 싶어." 합니다. 수민이는 아빠가 반쪽이었으면 좋겠다고 하지요? 그리고 아빠가 색종이였으면 막 주물러서 구기고 싶다고 합니다. 아빠를 꾸깃꾸깃 구겨 놓고 싶은 마음입니다.

여섯 살 민태홍은 일요일 아침에 아빠한테 많이 혼나고 이틀이나 지났는데도 "난 아빠 없이 살 수 있다. 아빠 없었음 좋겠어." 하는 말을 되풀이해서 합니다. "엄마, 우리 집은 누구 돈으로 산 거야? 엄마 돈은 없어?" 해서 엄마가 "엄마는 집에서 일하잖아. 누나하고 태홍이 먹이고 재우고 숙제 도와주고 책도 읽어 주고 놀아 주고. 왜? 엄마도 아빠처럼 나가서 돈 벌까? 그럼 태홍이는 맨날 아줌마가 유치원 차 내리는 곳으로 데리러 가고 아줌마랑 집에 있어야 되는데, 좋아?" 하니 "싫어, 싫어. 난 엄마랑 집에 있는 게 좋아. 그런데 난 아빠 없이 살 수 있다. 아빠 없었음 좋겠어. 돈은 은행에 가서 빼 쓰면 되잖아." 합니다. 그리고 아빠 없이도 살 수 있는 방법을 이렇게 저렇게 알아봅니다.

일곱 살 원종현이는 아빠한테 나이만큼 종아리를 맞으며 혼이 난 뒤 억울해하면서 혼잣말로 '내가 이다음에 자라서 아빠보다 더 힘 세지면 나도 아빠 세게 때려 줄 거야.' 합니다.

아이들은 혼이 나면 다 억울해합니다. 은지, 수민이, 태홍이, 종현이만 이렇게 억울하다고 말을 하는 것이 아닙니다. 다른 아이들도 마찬가지입니다. 말을 안 해서 그렇지 혼난 아이들은 다 억울해합니다. 그것은 잘못한 만큼만 야단맞아야 하는데, 열 배 백 배로 혼나기에 그렇습니다. 아이만 억울해하는 것이 아니라 아이가 혼나는 걸 옆에서 보고 있는 사람도 억울해합니다.

"너 이놈! 아빠가 뭐라 그랬어, 엉! 안 그러기로 약속했지? 너 몇 살이야? 너, 나이만큼 맞기로 했지? 바지 걷어!" 하면서 파리채를 들고 때리면 아이가 아파서 못 견디겠다는 몸짓을, 억울하다는 몸짓을 합니다. 옆에 있는 사람도 가만히 보고 있을 수가 없어서 "숫제 날 때려요. 어린 게 잘못했으면 얼마나 잘못했다고. 말로 타이르지." 하면서 아이를 못 때리게 가로막습니다. 그것은 잘못한 것만큼 혼내는 것이 아니라 잘못한 것보다 열 배 백 배는 더 야단맞는다고 보기에 그렇습니다. 이 글을 읽는 독자들도 아이를 힘으로, 매로 혼내고 나서 제정신이 들었을 때, 아이를 혼낸 것을 마음 아파하고 괴로워했던 적이 있을 것입니다.

가장 가까운 사람한테, 잘못한 것보다 열 배 백 배로 혼나고 난 아이들은 그 억울함을 이렇게 말로 풉니다. 이렇게 말로 억울함을 풀고 자랍니다.

어른들만 아이들을 혼낼 일이 있는 게 아니라, 아이들도 어른들을 혼낼 일이 많습니다. 그렇지만 힘으로, 매로 혼내지 않고 말로 타이르고 애원합니다.

공다슬이 아빠는 담배를 피웁니다. 다슬이는 요즘 '담배 피우지 마세요.' 노래를 부릅니다. 그런데도 다슬이 아빠는 담배를 피웁니다. 다슬이가 "아빠, 담배 피우지 마세요. 몸 건강하지 않잖아요." 이러니 아빠가 한다는 말이, "아빤 먼저 죽어도 돼." 합니다. 다슬이가 "안 돼요. 할아버지 돼서 죽어야 돼요." 하니 아빠가 "알았다, 알았어. 담배 조금만 피울게." 합니다. 한동안 아빠가 담배를 피우지 않아서 "아빠, 담배 끊었어요?" 하니 아빠가 "담배 피우지 말라는 말 듣기 싫어서 안 피운다, 안 피워." 해서 다슬이가 "와, 신난다. 신나." 하면서 팔짝팔짝 뜁니다.

다슬이 아빠는 정말 담배를 안 피웠습니다. 그런데 며칠 지나서 다슬이가 일찍 일어났는데, 엄마가 "다슬아, 아빠가 오빠 방에서 담배 또 피운다, 또 피워." 그래서 오빠 방에 가 보니까 오빠가 자다가 "아유, 담배 냄새." 합니다. 다슬이가 "아빠, 담배 안 피운다고 약속하고 왜 담배 또 피우세요. 담배 피우지 마세요. 네?" 이렇게 아빠가 약속을 지키지도 않고 그 몸에 안 좋은 담배를 피우고 또 피우는데도 혼내지도 때리지도 않고 말로 타이르고 애원합니다.

종운이 아빠가 밖에서 술을 마십니다. 종운이가 "아빠, 술 마시고 운전하다 경찰한테 잡히면 이젠 죽었다." 하니, 아빠가 "그럼 넌 과자 먹지 마." 합니다. 이러니 종운이가 "난 어쩔 때 엄마가 안 된다 그래서 과자 안 먹는데, 아빠는 돈 있어서 아무 때나 술 사 마시잖아. 그러니까 아빠도 토요일, 일요일, 집에 있는 날, 운전 안 하는 날만 술 마셔. 나도 토요일, 일요일만 과자 먹을게." 합니다. 그런데도 아빠가 또 밖에서 술 먹고 운전하고 집에 와서 종운이한테 뽀뽀를 합니다. "아빠, 오늘은 소주 한 병 더 마신 냄새네. 아빠, 월, 화, 수, 목, 금은 마시지 마. 꼭 그래야 돼, 아빠 걱정돼. 응, 알았지? 우리 아빠 운전하다 사고 나면 어떡해. 경찰한테 잡혀가면 어떡해. 아빠, 술은 집에서만 마셔, 응?" 이렇게 말로 애원을 하고 타이릅니다. 이렇게 아이들은 매로, 힘으로 혼내지 않고 언제나 말로 타이르고 애원합니다.

아이들이 잘못했을 때 어른들이 어떻게 해야 할지 아이들 말 속에 다 들어 있습니다.

| 아이 마음 풀어 주기 2 |

엄마가 혼내도요, 나는 엄마 예뻐요

우리 아이들이 가장 하고 싶고, 듣고 싶은 말은 어떤 말일까요?

진서 엄마가 다섯 살 김진서를 데리고 유치원에 들어옵니다. 2층 별님 반으로 올라가는 진서를 보면서 진서 엄마가 "오늘 아침에 무섭게 혼냈어요." 합니다. 진서를 혼낸 것이 마음 아픈지 손으로 가슴을 싸안으면서 "마음 아파요." 합니다.

'혼낸 엄마도 저렇게 가슴이 아픈데, 무섭게 혼난 진서는 얼마나 아프랴. 이건 빨리 풀어야 하는 문제다! 진서가 지금 가장 듣고 싶은 말은, 지금 엄마가 한 말이다.' 그런 생각이 들어서 진서 반으로 뛰어올라 갑니다. "진서야, 아침에 엄마한테 무섭게 혼났어? 엄마가 우리 진서 혼낸 거 가슴 아프대." 하니, 진서가 물끄러미 나를 쳐다보면서 "엄마가 나 혼내도요, 나는 엄마 예뻐요." 합니다. 엄마가 아무리 무섭게 혼내도 진서는 엄마를 미워했다, 좋아했다 하지 않고 변함없이 좋아한다는 말입니다. 진서가 가장 하고 싶은 말입니다.

기대하지도 않았던 말을 듣고는 얼른 뛰어내려 옵니다. 혼낸 것을 하루 종일 가슴 아파하고 있을 진서 엄마한테 전화를 겁니다. "진서한테 엄마가 마음 아파한다고 했더니, 진서가 뭐라고 그랬는지 알아요?" 하면서 진서가 한 말을 들려주었습니다. 엄마가 가장 하고 싶은 말은 진서가 가장 듣고 싶은 말이고, 진서가 가장 하고 싶은 말은 엄마가 가장 듣고 싶은 말이 되어, 하루를 즐겁게 보낼 수 있는 힘이 됩니다.

엄마가 여섯 살 남민지를 혼냅니다. 자동차 깔개에 요구르트를 엎질렀다고 혼을 냅니다. 꼭 혼나고 싶어서 일부러 일 저지른 것처럼 혼을 냅니다. 요구르트를 마시지도 못하고 엎지른 것도 속상한데 엄마한테 혼까지 나니 민지는 더 속상합니다. 이러니 민지가 "난 엄마가 물 엎지르거나 실수해도 혼 안 내는데 왜 엄마는 나를 혼내요? 실수할 수도 있는데 왜 막 혼내요?" 하면서 하고 싶은 말을 합니다. 물 엎질러서 속상한데 엎친 데 덮친 격으로 혼까지 내면 되겠느냐는 말입니다. 일부러 그런 것도 아닌데 그게 혼낼 일이냐는 말이지요. 엄마는 지금까지 한 번도 물 안 엎질러 본 사람처럼, 앞으로 물 엎지를 일 없는 사람처럼 그렇게 혼을 냅니다.

엄마가 물을 엎질렀습니다. 이것을 본 민지는 "엄마도 물 엎질렀네! 엄마도 물 엎지르면서 왜 나 혼내요?" 합니다. 엄마가 "그랬지, 미안해." 하니 우리 남민지, "미안하기는 뭘." 합니다.

또 민지는 "엄마! 나 아빠랑 있으면 좋겠어, 엄마가 회사 가고. 엄만 맨날 혼내잖아. 아빤, 엄마는 혼내도 나는 혼 안 내." 하면서 "이모! 혼내면 마음도 다치는 거지요?" 하고 묻습니다. 이모가 "너 엄마한테 혼나면 기분이 어때? 안 좋지? 마음이 슬퍼지지? 그게 마음 다치는 거야." 하니까 민지는 "엄마, 앞으로 혼내지 말고 좋게 말로 해, 마음 다치지 않게." 이렇게 가장 하고 싶은 말을 합니다.

일곱 살 최지호네 아빠가 유치원에 왔습니다. "목포에서 올라오셨어요? 지호 불러 드릴까요?" 하니 "아닙니다. 지호하고 같이 며칠 지내다 내려갈 겁니다." 하며 갑니다. 최지호를 2층 계단에서 만났습니다.

"최지호! 아빠 목포에서 오셨더라. 유치원에 왔다 가셨어. 아빠 며칠 있다 가신다며?" 하니 "네." 하며 웃습니다. 지하 내려가는 계단에서 지호를 또 만나서, "최지호! 아빠 오셔서 좋겠다." 하니, 따라와서는 "아빠 얘기 자꾸 해 주셔서 고맙습니다." 하고 내려갑니다. 옆에서 같이 들은 조남희 선생님과 마주 보며 "아빠 얘기 자꾸 해 주셔서 고맙습니다!"를 되뇌었습니다. 최지호는 아빠 이야기가 듣고 들어도 또 듣고 싶은 말이었나 봅니다.

다섯 살 이수민이 유치원에 처음 온 날입니다. 기특하게 울지도 않고 아이들과 잘 어울리고 있습니다. 수민이를 보살펴 주는 큰엄마한테서 전화가 오고, 회사에서 일하는 엄마한테서도 전화가 왔습니다. 얼른 2층 별님반으로 올라가서 "수민아, 열감기 걸렸다며? 큰엄마가 수민이 아프면 알려 달라고 전화 왔어. 금방 데리러 온다고. 엄마도 회사에서 전화했고." 했습니다. 수민이가 오늘 지금 가장 듣고 싶은 말일 거라고 생각되어 얼른 가서 알렸습니다.

다음은 다섯 살 이연준 엄마 전화입니다. 1층에 있는 연준이한테 얼른 가서, "연준아, 엄마한테서 연준이 잘 있느냐고 전화 왔어. 연준아, 너 새벽에 토했다며?" 하고 묻습니다. "네. 엄마 침대에 토했어요." 연준이가 힘없이 대답하길래, "토하면 어지러운데. 담임 선생님, 연준이 점심 먹기 싫어하면 억지로 먹이지 말라던대요." 하고 얘기해 줍니다.

아이들이 외로울 때, 낯설 때, 아플 때, 열심히 뛰어다니면서 아이들이 가장 하고 싶은 말을 들어주고, 가장 듣고 싶은 말을 해 주었습니다.

이런 일 저런 일로 마음을 다친 진서도, 아빠와 떨어져서 지내느라 외로웠던 지호도, 유치원을 처음 다니게 되어서 모든 것이 낯설기만 한 수민이도, 몸이 안 좋아 토하는 연준이도 다 하고 싶은 말을 하고, 듣고 싶은 말을 들으면서 오늘도 내일도 따뜻하게 자랍니다. 시원하게 자랍니다.

민지 엄마가 "민지야, 사랑해." 하니 우리 남민지, "엄마, 이젠 그런 소리 하지 말아. 나는 이제 커 가지고 그런 말 안 해도 엄마가 나 사랑하는 줄 알거든." 합니다.

이런 남민지가 가장 하고 싶은 말은, "혼내지 말고 좋게 말로 해, 마음 다치지 않게."입니다.

| 아이 마음 풀어 주기 3 |
엄마는 오래 살아도 나는 오래 못 살아

네 살 김민서가 "엄마, 오늘 엄마 말 안 들을래." 합니다. 아예 오늘 말을 듣지 않을 거라고 미리 알립니다. 그러니까 엄마가 "왜?" 합니다. "아까 엄마가 나 때렸잖아." 합니다. 민서는 맞을 때만 억울한 게 아니고 맞고 나서도 마음속에 억울한 찌꺼기가 남아 있습니다.

네 살 시우도 엄마가 때리면 언제나 억울합니다. 이렇게 때리는 문제를 풀려고 시우는 늘 말대꾸를 합니다.

시우가 "친구들이 내 말 안 들으면 때려?" 하니까 엄마가 "안 되지. 때리면 안 되지." 합니다. 그러니까 시우가 기다렸다는 듯이, "그런데 엄마는 왜 나를 때려?" 하고 말대꾸합니다. "그건 시우 예쁘게 크라고 때리는 거야." 이렇게 궁색한 대답을 하니까 우리 시우, "안 때려도 나 예쁘게 클 수 있는데." 합니다. 엄마가 때리면 오랫동안 억울한데 어떻게 예쁘게 클 수 있냐는 말이지요. 안 때려야 예쁘게 클 수 있다는 말이지요.

'사랑의 매'라고요? 이 세상에서 "사랑의 매 좀 때려 주세요." 하는 아이가 어디 있습니까? 다 때리는 어른들이 멋대로 만들어 놓은 말이지요.

민석이 이야기를 들어 볼까요? 민석이와 엄마가 텔레비전을 보고 있습니다.

엄마가 "민석아, 저 할머니가 90살이래." 하니 민석이가 "우와! 그러면 100살까지도 살 수 있겠네." 하면서 놀라워하니, 엄마가 "저 손주가 할머니 말을 잘 들어야 건강하게 오래 사실 수 있지." 합니다. 이러니 우리 민석이 "내가 엄마 말 잘 들어야 엄마 오래 살아?" 합니다. 엄마가 기다렸다는 듯이 "그럼." 합니다.

집에서는 이렇게 '엄마 말 잘 들어라.' 하고, 유치원에 갈 때는 "선생님 말씀 잘 듣고 와!" 합니다. 오나가나 '말 잘 들어라. 잘 들어라.' 합니다.

민석이 엄마는 민석이가 말을 안 듣는다고 푸념을 합니다.

"요즘 거의 날마다 민석이에게 매를 들어요. 날도 덥고 짜증도 나고 민석이가 버릇이 더 없어지는 것 같고, 말로 해서는 민석이가 말을 안 듣는 날이 많습니다. 웬만큼 때려도 맞고 나면 그만이에요."

선생님들도 아이들이 말을 안 듣는다고, "손 머리, 아빠 다리!" 합니다. 이 말은 "너희들은 입 다물지도 말고 아예 입을 꿰매 버려!" 이렇게 말하는 것과 같습니다. 아이들은 그렇게 알아듣고 입을 닫아 버립니다. 말 잘 들으라고 겁주는 말이지요. 글깨나 쓰는 어른들도 요즘 아이들은 식당에서나 공공장소에서 어른들 말을 안 듣는다고 또 써 댑니다. 버르장머리 없다고요. 교육부에서 나온 교사 지침서에도 인간 교육을 한다고 하면서 나오는 동화나 동시마다 어른들 말만 나옵니다. 다 어른 판입니다. 어른들 말만 들으라는 거지요. 초등학교요? 초등학교 교과서에는 어른들이 쓴 동시, 동요는 많은데, 어린이들이 쓴 시는 거의 없습니다. 온 세상이 어른들 말로 가득합니다. 아이들은 어른들 말을 잘 듣기만 해야 합니다. 말을 안 들으면 "너 맞을래?" 이러면서, 때리면서까지 억지로라도 말을 잘 듣게 해서 어른들은 오래 살려고 안간힘을 씁니다.

이러니 우리 민석이가 엄마한테 "그럼 엄마는 오래 살아도 나는 오래 못 살아. 엄마 말 잘 들으려면 엄마가 하라는 대로 해야 되는데, 공부하라면 공부해야 되고, 밥 먹으라면 밥 먹어야 되고, 하지 말라면 안 해야 되는데, 그럼 엄마는 오래 살아도 나는 오래 못 살아." 합니다.

엄마들은 자신도 오래 살고 싶지만 아이가 더 오래 살기를 바랍니다. 이런 바람이 희망 사항으로 끝나지 않게 하려면 이제부터는 김민석 말, 아이들 말을 귀담아들어야 합니다.

민석이 말은 시입니다. 고통받는 또래들을 위해서, 어른들도 오래 살고 아이도 오래 살기를 바라는 모든 이들을 위해서 그 누구도 지금까지 하지 못한 말을 토해 냈습니다.

아이들을 더 들볶아야만 아이들이 오래 잘 살 수 있을 거라고 믿고, 그렇게 하던 많은 엄마들 마음을 흔들어 놓은 민석이 말입니다. 아이들은 나름대로 할 수 있는 것을 더 할 수 없을 만큼 열심히 잘하고 있는데, 엄마는 더 열심히 하라고, 더 많이 하라고, 그만큼을 못 한다고 하다가 끝내는 말을 안 듣는다고 몰아갑니다.

"엄마는 오래 살아도 나는 오래 못 살아." 오늘은 민석이 말을 기슴에 안고 아이들을 만나겠습니다.

엄마는 오래 살아도 나는 오래 못 살아

엄마: 민석아, 저 할머니가 90살이래.

민석: 우와! 그러면 100살까지도 살 수 있겠네.

엄마: 저 손주가 할머니 말을 잘 들어야 건강하게 오래 사실 수 있지.

민석: 내가 엄마 말 잘 들어야 엄마 오래 살아?

엄마: 그럼.

민석: 그럼 엄마는 오래 살아도 나는 오래 못 살아.

엄마: 왜?

민석: 엄마 말 잘 들으려면 엄마가 하라는 대로 해야 되는데, 공부하라면 공부해야 되고, 밥 먹으라면 밥 먹어야 되고, 하지 말라면 안 해야 되는데, 그럼 엄마는 오래 살아도 나는 오래 못 살아.

일곱 살 김민석

| 당당하게 자라는 아이들 1 |
어른들은 맞장구만 치면 돼요

아이들이 자라면서 점점 '말'이 없어진다고들 합니다. "우리 애는 크면서 '엄마 밥 줘.' '돈 줘.' 이 말 말고는 하는 말을 못 들어 봤다니까요." 하면서 푸념을 합니다. 그런데 다현이 엄마가 아이 말에 재미있게 맞장구를 치면서 즐겁게 지내는 마주이야기를 보세요.

엄마 : 다현이 예쁘다.

다현 : 다현이 예쁜 옷 입어서 그래.

엄마 : 좋겠다.

다현 : 엄마도 예쁜 옷 하나 사 줄까?

엄마 : 응. (다현이처럼 떼쓰면서) 지금 사 줘.

다현 : 다현이가 내일 유치원 갔다 와서 사 줄게.

엄마 : (더 떼쓰면서) 싫어. 지금, 지금 사 줘잉.

다현 : (달래면서) 지금은 깜깜해서 안 돼.

엄마 : (더 더 떼쓰면서) 싫어, 싫어잉. 지금 지금 지금 사 줘이잉.

다현 : (야단치면서) 다현이가 내일 유치원 갔다 와서 사 준다고 했지!

"엄마도 예쁜 옷 하나 사 줄까?" 하고 말한 순간 역할이 자연스럽게 바뀌지요? 다현이가 엄마가 되고 엄마가 다현이입니다. 이렇게 역할이 바뀌면서 다현이와 엄마는 재미있게 '말'을 하고 있습니다.

이런 마주이야기를 하면서 다현이는 엄마 자리에서 자기 모습을 들여다봅니다. 이렇게 아이들은 잠깐씩 딴 세상으로 들어가서 스스로 자기를 알아 갑니다. 어른들은 그저 맞장구만 쳐 주면 됩니다.

연성: (엄마한테) 자, 숫자 공부 해 볼까?
엄마: (카드 1을 내밀면서) 선생님, 이거 뭐예요?
연성: 아, 그건 내려가는 거란다.
엄마: (카드 8을 내밀면서) 선생님, 이건요?
연성: 아아, 그것도 내려가는 건데, 준경이네 집이란다.
엄마: (카드 10을 내밀면서) 선생님, 이건요?
연성: 아! 그건 우리 집, 연성이네란다.
엄마: (카드 11을 내밀며) 선생님, 이건요?
연성: 아, 그건 올라가는 건데, 세령이 언니 집이란다.

하하하, 다섯 살 이연성이 선생님, 엄마가 어린이네요. 연성이는 말끝마다 "뭐 해 볼까?" "뭐란다." 하면서 아주 자상하게 가르치는 선생님입니다.

연성이는 아파트에 삽니다. 연성이네 집 10층을 기준으로 해서 '내려가는 거' '올라가는 거' 하면서 숫자를 아주 쉽고 재미있게 가르치고 있지요? 엄마도 연성이한테 재미있게 배우고 있습니다. 옆에서 보는 사람도 재미있습니다. 어떤 선생님이 이렇게 연성이가 이해하기 쉽게 준경이네니 세령이 언니 집이니 하면서 수를 가르칠 수 있을까요. 거기다 이렇게 재미있게 놀면서 배우는 우리 연성이한테 맞장구쳐 주는 엄마! 숫자 공부 절로 되겠지요? 연성이는 엄마가 맞장구쳐 주는 역할 놀이를 하면서 숫자 공부에 깊이깊이 빠져듭니다.

나들이를 갑니다. 걷고 또 걷습니다. 종원이가 다리가 아픈지 뒤로 처지더니, 업어 줬으면 하는 얼굴로 "다리 아파요." 합니다. 선생님이 얼른 역할을 바꿔서 다리 아픈 종원이가 됩니다. 종원이 어깨에 매달리며 "나 다리 아파. 나 업어 줘. 나 업어 줘잉." 하니, 종원이는 나만 다리 아픈 게 아니라 다 다리가 아픈데 참고 있다는 것을 알았는지 언제 다리 아팠냐는 듯 남아 있는 힘을 다해 앞으로 걸어갑니다. 이번에는 선생님이 종원이와 역할을 바꿨지요?

오늘 네 살 반에 손강찬, 손의찬 쌍둥이가 새로 들어왔습니다. 선생님하고 또래들이 낯선지, "엄마, 엄마!" 하면서 바닥에 주저앉아 다리를 버둥거리면서 웁니다. 이때 교사가 얼른 강찬이, 의찬이가 하는 것처럼 "엄마, 엄마!" 하면서 다리를 버둥거리면서 우니까, 이게 어떻게 된 일인가 하는 얼굴로 자기들 모습을 하고 있는 선생님을 구성합니다. 보살펴 달라고 울었는데 오히려 보살펴 줘야 하는 선생님이 우니까 이상했는지, 아니면 자기들이랑 똑같은 문제로 울고 있는 사람이 또 있다는 데 위로를 받았는지, 울음을 그치고 선생님을 따라 즐겁게 하루를 보냅니다.

"떼쓰지 마라." "공부해라." "참고 걸어." "그만 울어." 이런 말을 하지 않고도 그때그때 일어나는 문제를 재미있게 풀면서 지내고 있지요?

　가르치려 드는 말, 야단치는 말, 아이들이 듣기 싫어하는 말을 들으면서 자라면 아이들은 '말'을 안 하려고 합니다. 재미가 없으니까요.

| 당당하게 자라는 아이들 2 |
말대꾸하는 아이가 시원하게 자랍니다

    엄마 : 어머! 종민아, 엄마 머리에 흰머리 좀 봐. 여기!
    종민 : 으, 엄마, 인제 할머니 되나 보네!
    엄마 : 아니야! 종민이하구 지윤이가 엄마 말을 안 들으니까 속상해서
           흰머리가 나오는 거야.
    종민 : 큰일 났네! 엄마도 나를 자꾸 속상하게 하니까, 나도 이제 흰머
           리 나오겠네. 어휴! 나 벌써 흰머리 나오면 안 되는데.

  일곱 살 이종민이 마주이야기를 읽고 오랜만에 시원하게 웃었습니다. 이렇게 웃고 나서야, 종민이가 흰머리 문제로 그동안 얼마나 답답함이 쌓였는지를 알았습니다.
  종민이한테 엄마가 한 말은, 내가 자랄 때 우리 어머니한테 들은 말과 어쩜 그렇게 같은 말인지! 우리 어머니도 흰머리 얘기만 나왔다 하면 "니가 속 썩여서 그래!" 이렇게 흰머리는 내가 속 썩여서 나온 거라고 몰아쳤습니다. 이럴 때, 어머니가 꼭 그 말을 해야 하나? 이러면서 가슴이 더 답답해져서 문을 거칠게 닫고 나와 버린 일이 있습니다. 이종민의 말

대꾸, "큰일 났네! 엄마도 나를 자꾸 속상하게 하니까, 나도 이제 흰머리 나오겠네. 어휴! 나 벌써 흰머리 나오면 안 되는데."를 듣고는 종민이가 내가 하고 싶은 말을 대신 해 준 것처럼 시원했습니다.

흰머리 문제는 어른이 아이한테만 하는 말인 줄 알았습니다. 내가 어렸을 때도 다 그랬으니까요. 나는 지금까지 흰머리 문제를 아이가 어른한테 하는 말을 그 어디서도 들어 본 일이 없습니다.

종민이가 이 말을 해 놓고 얼마나 시원했을까! 이 말 못 했으면 얼마나 답답했을까!

조끼 문제도 그렇습니다. 종민이는 조끼를 입고 가고 싶은데, 엄마가 덥다고 못 입고 가게 하니까, 종민이는 "난 조끼를 오늘도 입고 내일도 입고 날마다 입고 싶어. 조끼 입으면 멋있단 말야." 이렇게 말대꾸를 해요. 끝내 조끼를 못 입고 가게 하니까, 입이 닷 자나 나와 가지고 인사도 안 하고 뒤도 돌아보지 않고 유치원을 가 버렸어요. 말대꾸로도 안 되니까 몸짓으로 말대꾸를 하면서 얼마나 조끼가 입고 싶은지를 알립니다. 엄마는 언제나 뒤늦게 '아차!' 합니다.

가르치려고만 드는 교육에서는, "어른 말에 말끝마다 말대꾸야! 버르장머리 없이." "남자는 그저 입이 무거워야 돼." "여자는 그저 어른 말을 다소곳이 들어야 돼." 이런 어른 말만 가득합니다. 가르치려고만 드는 교육에서는 아이들 말을 들어주기 싫어서, 어른 말만 쏟아 내고 싶어서 이렇게 말합니다.

그럼 이제 아이들 말대꾸를 들어 봅시다. 말대꾸를 마음껏 하고 자라는 아이들이 얼마나 시원하고 성성하게 자라는가를.

(엄마 따라 백화점에 간 민성이)

민성 : 엄마! 나 저 디지몬 사 줘.

엄마 : 엄마 돈 없어!

민성 : 돈 없다면서 엄마 꺼는 어떻게 사?

엄마 : 엄마는 집에서부터 뭘 살까 생각하고 또 생각해서 꼭 필요한 것만 사는 거야.

민성 : 나도 집에서부터…….

엄마 : 쓸데없는 말 하지 말고 빨리 따라와!

민성이 마주이야기를 여기까지 들어 보니까, 엄마는 사고 싶은 거 다 사고, 하고 싶은 말 다 하고 삽니다. 그런데 민성이는 사고 싶은 것도 못 사고, 하고 싶은 말도 다 못 하고 답답합니다.

그렇지만 우리 민성이, 어른들이 답답하게 자라라고 해도 그렇게 자랄 수는 없다는 듯, 엄마가 듣기 싫다고 쓸데없는 말 하지 말라고 했는데도, "엄마! 나도 집에서부터 뭘 살까 생각하고 또 생각해서 꼭 필요한 것만 사 달라는 거야. 그러니까 사 줘!" 하면서 따라갑니다.

우리 민성이 이런 말대꾸 못 했다면 어땠을까? 엄마는 편했겠지만 우리 민성이는 답답해서 시원하게 자라지 못할 것입니다. 결국 민성이는 갖고 싶은 것을 못 샀지만 말대꾸만큼은 시원하게 하고 싱싱하게 자라고 있습니다.

아이들이 하는 말대꾸를 들어 보면, 아이가 시원하게 자라려는 몸부림 소리로 들립니다. 하고 싶은 말을 하고 싶을 때 못 하게 하면 아이들은 거칠게 자랍니다. 엄마들도 시어머니 앞에서 꼭 할 말 못 하고 참으면 혼잣말로 구시렁거리잖아요. 구시렁거리지도 못하게 하면 그릇을 거칠게 다루며 설거지합니다. 그렇게도 할 수 없을 때는 잘 놀고 있는 아이한테 "너 오늘 공부했어 안 했어? 엉?" 하면서 소리소리 칩니다.

　마찬가지로 아이들도 꼭 하고 싶은 말을 하고 싶을 때 못 하게 하면 거칠어질 수밖에 없습니다. 아이들 문제, 청소년 문제가 다 이렇게 하고 싶은 말을 하고 싶을 때 못 하고 자라서, 쌓이고 쌓여서 일어나는 것입니다.

　이런 말 다 들어 보셨을 것입니다. "아휴, 말이라도 하고 나니까 시원하네!" 어떤 문제가 있을 때, 말이라도 하고 나니까 시원하다는 말입니다. 문제는 풀리지 않아도 누가 들어주기만 해도 시원하다는 말입니다. 우리 교육은 아이들을 시원하게 하는 교육이 되어야 합니다. 우리 문학도 아이들을 시원하게 하는 문학이 되어야 합니다. 그러니까 들어줘야지요. 말대꾸까지도요.

| 당당하게 자라는 아이들 3 |

나도 이제 '요' 자 안 붙일래요

"엄마, 밥 줘. 엄마, 밥 줘잉."
"'밥 주세요.' 해! 그래야 밥 줄 거야."
"엄마, 밥 주세……요."

네 살 이수연은 엄마한테 '요' 자 붙이는 것을 무척 힘들어합니다. 그런데도 엄마는 수연이한테 말끝마다 '요' 자를 붙이라고 닦달을 하며 가르칩니다. 이러면서 이수연 엄마는 높임말을 가르치는 것을 아주 자랑스러워합니다.

함재욱이도 네 살입니다. 뱅어포 반찬을 해 준 엄마한테 "엄마, 이거 뭐야?" 하니 "뱅어포야." 합니다. 그러자 "뱅어포, 이거 맛있다. 또 줘." 합니다. 엄마가 "재욱아, 뱅어포만 먹으면 짜. 밥이랑 같이 먹어." 하니 "그냥 뱅어포만 먹는 게 맛있어." 합니다. 재욱이는 엄마한테 '요' 사 붙이지 않고 하고 싶은 말 다 합니다. 엄마한테는 '요' 자를 붙이지 않다가도 선생님한테는 우산을 보여 주면서 "이모가 비 올 때 쓰라고 사 줬어요. 나 집에 토마스 장화도 있어요." 하면서 이렇게 '요' 자를 잘 붙입니다.

네 살 박윤진이도 "엄마, 애기 다시 데리고 가! 다시 데려다 주고 와!"

합니다. "어디에?" 하고 물으니 "병원에 데려다 주고 와!" 하면서 엄마가 동생한테 젖 주는 것을 보고는 동생을 밀어냅니다. 엄마 무릎에 턱 올라앉아 안 비켜 줍니다. 이렇게 엄마한테는 '요' 자도 안 붙이고 큰소리치다가 선생님한테는 "나도 피에로 우산 있어요." 하기도 하고 똑같은 옷 입은 또래를 가리키면서 "나랑 재랑 옷이 똑같아요." 하면서 선생님한테는 '요' '요' 합니다. 말을 가려서 할 줄 압니다.

여섯 살 송주경네입니다. 엄마가 방 안 여기저기에 머리카락이 있는 것을 보고 깜짝 놀랍니다.

"웬 머리카락이 이렇게 많지? 주경아, 너 머리 잘랐니?"

"야단 안 치면 사실대로 말할게요."

"그래, 야단 안 칠 테니 사실대로 말해 봐."

"제가 그랬어요. 심심해서 제가 가위로 머리 잘랐어요."

"너! 누가 머리 자르라고 그랬어? 또 그럴 거야?"

"야단 안 친다 그러고 왜 야단쳐!"

주경이 좀 보세요. 엄마가 야단 안 친다고 했을 때는 '요' 자를 붙여서 높임말을 깍듯이 하더니, 야단을 치자 이렇게 '요' 자를 싹 빼고 말하지요? 엄마가 어떤 말을 하느냐에 따라 저절로 높임말을 했다가 반말로 바뀝니다.

어느 날 다섯 살 이연성이는 엄마한테 "엄마, 나 자꾸자꾸 커서 1학년 4반 할래." 합니다. "왜?" 하고 물으니 "세령이 언니랑 같은 반 할라구. 나 세령이 언니랑 같은 반 되면 반말할래. 같은 1학년 4반이니까 반말해야지." 합니다. 다섯 살 아이들은 자기가 크면 나만 자라고 다른 사람은 그대로 머물러 있다고 생각합니다. 연성이가 자꾸 "반말할래." "반말해야지." 하지요? 1학년인 세령이는 다섯 살 연성이한테 "야!" 하고 부르는데 연성이는 세령이가 손위니까 "야!" 소리를 못 합니다. 그러니까 "야!" 하려면 1학년 4반이 되어야지요. 다섯 살한테 "야!"는 반말입니다. 그러고 보니 네 살 이주형이도 "엄마, 나 형 됐으면 좋겠어. '형!' 안 하고 '야!' 하게." 합니다. 이 또래 아이들은 '야!'가 반말이고 언니나 형들만 쓰는 말로 알고 있지요?

여섯 살 김태훈이 높임말을 안 쓰는 동무의 마주이야기를 듣고 엄마한테 "엄마, 이제 나도 '요' 자 안 붙일래요. 그냥 '그랬어.' 할래요." 합니다. 엄마는 "태훈아, 엄마는 네가 높임말 쓰는 게 좋아." 하지만, 태훈이는 "이젠 싫어요. 다른 친구들도 다 '그랬어.' 하잖아요. 이제부터 나도 친구들처럼 '요' 자 안 붙일래요. 엄마, 그럼 선생님한테 전화해서 다른 친구들도 다 '요' 자 쓰라고 해요." 하지요. "태훈아, 우리나라는 자유 국가야. 그건 원하는 대로 하는 거지, 강제로 하는 게 아냐." 하고 엄마가 말하니 "엄마, 그럼 저도 자유롭게 '요' 자 안 쓸래요. 그냥 친구들처럼 할래요." 합니다. 김태훈이는 동무가 '요' 자를 안 붙이고 말하는 게 더 다정하고 좋아 보였나 봅니다.

어느 날, 태훈이가 "아빠, 장난감 안 사 주면 나 죽을래요." 합니다. 엄마가 "너 그런 버릇없는 말 누가 하라 했어. 방으로 들어와 봐!" 하고 혼냅니다. "그럼 제가 사 달라는 거는 왜 안 사 줘요? 그건 해도 돼요?" 하고 말합니다. 엄마가 화가 나서 "그럼 니가 아빠한테 버릇없는 말 한 게 잘한 거야?" 하니 "아빠도 잘못한 거죠. 그럼 왜 안 사 줘요." 합니다.

엄마는 태훈이가 반듯하게 자랐으면 해서 '요' 자를 붙여 쓰라고 한 것인데 우리 태훈이는 '요' 자를 써도, 엄마 말을 빌린다면 '버릇없는 말'을 합니다. 억울하고 분해도 '요' 자는 꼭꼭 씁니다. 하지만 그렇게 '죽을래요.' 같은 거친 말을 쓰면서 '요' 자를 붙이는 게 무슨 소용입니까?

 옛날에 제가 집에 들어가니 저희 집 아이들이 온 방을 어질러 놓았습니다. 가슴속 가시를 숨기고 "청소 좀 해요!" 하니 아들내미가 "엄마, '요' 자 좀 붙이지 마요." 합니다. 마음에 안 들면 오히려 '요' 자를 붙여서 말하는 것을 아는 거지요. '요' 자를 붙이든 안 붙이든 마음에 가시가 있으면 듣는 사람이 불편합니다.

 어른들도 처음 만나면 높임말을 쓰지만 친해지고 편해지면 말을 놓지요. 아이들도 말을 놓고 싶어 합니다. 그래서 연성이처럼 빨리 크고 싶어 하고, 주형이처럼 형도 되고 싶어 하지요. 하지만 어른들이 걱정하는 것처럼 아무한테나 버릇없이 하는 것은 아닙니다. 때에 따라, 대하는 사람에 따라 가려서 쓸 줄 압니다. 높임말을 쓰느냐, 안 쓰느냐보다 아이들 마음이 어떤지, 아이들이 가슴속에 품은 말을 마음껏 할 수 있는지가 더 중요합니다.

| 당당하게 자라는 아이들 4 |

여자들은 왜 일만 하고 제사 안 지내요?

일곱 살 장성현이 경북 상주에 가서 추석날 아침 조상님들께 절을 하다 말고, "엄마는 왜 절 안 해?" 하니, 엄마는 얼떨결에 "나중에." 합니다. 엄마 대답이 어정쩡하지요? 지금까지 이렇게 물어본 사람이 없으니 갑자기 한 대답이란 게 이렇습니다. 엄마가 절하는 것을 본 일이 없는 성현이는 "나중에 한다고? 나중에 언제? 나중에 언제 절해?" 하면서 묻고 또 묻습니다.

이번에는 일곱 살 김성근 마주이야기를 보세요. 남자들은 다 제사 지내는데 여자들은 왜 일만 하냐고 묻네요.

성근 : 남자들은 다 제사 지내는데 여자들은 왜 제사 안 지내요?
엄마 : 이상하지?
성근 : 네, 이상해요. 엄마, 작은 엄마, 할머니는 왜 일만 하고 제사 안 지내요?
엄마 : 이상한 건 니가 이다음에 다 고쳐.

일곱 살 성근이가 식구들과 함께 서울 독산동에 가서 조상님들께 절을 하다가 한 말입니다. 정말 왜 남자들은 다 제사 지내는데 여자들은 일만 할까요?

이렇게 아이들이 명절날 남자들만 조상님들께 절하고 여자들은 일만 하는 문제를 이상하게 생각하고 자꾸 물어봅니다. 어른들은 말없이 가만히 있는 문제를 들추어냅니다.

할아버지가 돌아가셨습니다. 다시는 오지 못할 먼 길을 떠나신 할아버지를 보내는 슬픔을 안고 아들은 물론이고 어린 손자까지도 장손이라고 상복을 입힙니다. 그리고 여느 때보다 옷매무새를 단정히 하고 조문객들을 맞이합니다. 그런데 며느리는 상복은 얻어 입었지만 구경꾼 자리에서 일만 합니다. 손녀딸도 마찬가지입니다. 지금까지 손자와 함께 언제나 당당하게 자랐는데 이런 날은 상복도 입지 못하고 구경꾼 자리에서 같은 또래 손자를 올려다봅니다. 여느 때보다도 조상님들을 섬길 때는 저 아래 꼬맹이 남자아이들까지 챙겨 자리를 마련해 주고 대우를 해 줍니다. 여자아이들은 이런 날마다 아랫자리나 가장자리에서 잔심부름이나 하며 빙빙 돌면서 자랍니다.

이렇게 여자아이들이 일가친척들 틈바구니에서 자리를 못 찾고 자라는 것을 보고 사람들은 "딸은 시집가면 남이야." 이런 말을 쉽게도 내뱉고, 내뱉는 말처럼 고만큼만 자리를 주고 알아줍니다. 남자가 대를 잇는다고, 핏줄을 잇는다고, 조상님 모시는 자리에는 그저 아들, 손자입니다. 태어날 때부터 고추를 달고 나왔다고 알아주고, 대를 잇게 되었다고 집안에서 줄 수 있는 것은 다 아들 쪽으로 몰아줍니다.

일곱 살 박준영이는 "우리 엄마 또 딸 낳았다요. 그래서 울었다요." 교실에 들어서면서 웅얼거렸던 말을 쏟아 냅니다. 박준영이도 딸인데, 또 딸을 낳은 엄마, 집안에서 기다리지도 않던 딸, 그래서 아무도 반갑게 맞아 주지 않는 준영이와 애기와 엄마의 눈물 이야기입니다.

여섯 살 남희주는 애기를 얼러 주면서, "엄마, 애기가 뱃속에 있을 때 딸이었으면 좋았어, 아들이었으면 좋았어?" 하고 물어봅니다. 엄마 자식이니까 딸, 아들 다 좋았다고 하니, 바짝 긴장하고 듣던 희주가 애기 문제는 이제 풀었다는 듯이 "그럼 내가, 내가 뱃속에 있을 때, 딸이었으면 좋았어, 아들이었으면 좋았어?" 하고 묻습니다. 내가 이 세상에 잘못 태어난 게 아닌가 하는 생각이 드는 듯, 가장 가까운 엄마에게 물어 이 문제를 풀고 자라려고 몸부림을 칩니다.

그도 그럴 것이, 귀엽고 사랑스럽기만 한 애기를 어르면서 할머니가, "아유, 고추 하나 달고 나왔으면 얼마나 좋았을꼬!" 이런 말을 하니, 고추를 달고 태어나지 않은 것은 뭔가 잘못된 일인 듯이 자꾸만 생각하게 되는 거지요.

그동안 아들은 이 세상에 태어날 때부터 기다리고 기다리던 반가운 웃음이요, 기쁨이요, 주인공이었습니다. 딸은 이 세상에 태어날 때부터 눈물이요, 슬픔이요, 구경꾼이었습니다.

아들들은 자라면서 성현이와 성근이처럼 또 다른 모든 아들들처럼 사랑을 받고 또 받고 넘쳐흐르도록 받았다면, 딸들은 준영이와 희주처럼 또 다른 모든 딸들처럼 마땅히 똑같이 나눠 받아야 할 모든 것들을 아들들한테 내주고 텅 빈 마음으로 외롭게 자랐습니다. 이렇게 딸들은 자리를 못 잡고 자랍니다.

여자들은 사람들이 모이는 명절을 싫어합니다. 사람들은 흔히 여자들이 명절 때 아침부터 저녁까지 하루 종일 일 속에서 살아야 해서 그렇다고 생각합니다. 하지만 그것은 겉으로 드러난 문제일 뿐입니다. 정말은 이 세상에 사람으로 태어나서 지금까지 마땅히 누려야 할 것들, 받아야 할 것들이 아들 쪽으로만 쏠려 가서 억울하고 분하고 외로워서 그런 것입니다. 그래서 여자들은 명절이 다가오기만 해도 몸이 먼저 아파 오는 것입니다.

그럼 이렇게 딸을 아프게 하면서까지 모든 것을 넘치도록 받으며 자란 아들들은 어떨까요? 오늘 저녁 텔레비전 9시 뉴스를 보니, "가족이 더 무섭다."하면서 매를 맞아 퍼렇게 멍이 든 할머니, 할아버지가 나옵니다. 이런 노인 학대는 90퍼센트가 아들이 저지른 일이라고 하네요. 이 땅의 아들들이 철철 넘치도록 사랑을 받으면서도 딸들과 나눌 줄을 모르더니, 저밖에 모르고 남 돌볼 줄 모르는 이런 행동들을 끝 간 데 없이 하고 있습니다.

이런 것을 보면, 아들, 아들 하면서 남자 중심으로만 이어져 온 우리 사회가 모두를 피해자로 만든 꼴입니다. 딸도 아들도 부모님도 모두 다 피해자입니다. 조상 모시는 일이나 효를 같은 줄기로 놓고 보면, 효는 하라고 해서 하는 것도 아니고 하지 말라고 해서 안 하는 것도 아닙니다. 부모와 조상을 섬기는 일은 아들이나 딸이나 하고 싶어 못 견뎌서 해야 보기도 좋고 힘도 안 듭니다.

추석입니다. 이번 추석에는 우리 장성현, 김성근, 박준영, 남희주, 그리고 모든 아들과 딸들이 하는, 저 깊은 속에서 터져 나오는 말을 들어 보도록 해요. 그리고 아들딸 문제, 효, 조상 섬기는 문제를 하나하나 풀면서 지내도록 해요.

| 당당하게 자라는 아이들 5 |
나 작은 차 기사님 될 거야

아이들이 설날이나 대보름날 외가로, 친가로 나들이를 갑니다. 할머니, 할아버지가 "아이구, 내 새끼, 내 강아지." 하면서 달려와 품어 주십니다.

다섯 살 김동진이네 할아버지도 내 새끼 꿈이 뭔지 궁금해서,

"우리 동진이 커서 뭐 될 거야?"

하고 묻습니다. 이러니 우리 동진이, 벌써 생각해 놓았다는 듯 망설임도 없이,

"기사님! 우리 유치원 작은 차 기사님!"

합니다. 할아버지가,

"아이고, 이 녀석아. 꿈이 커야지, 기사님이 뭐야!"

하시는데도, 동진이는 작은 차 기사님 될 생각에 즐겁기만 합니다.

"난 그래도 황 기사님 될 거야."

다짐하듯이 말합니다. 지금 동진이는, 유치원 큰 차도 아니고 작은 차 기사님 가운데서도 '황 기사님' 되는 것이 이 세상에서 가장 크고 높고 어마어마한 꿈입니다. 작은 차 황 기사님이 될 생각만 해도 즐겁고 좋고

좋아서, 더할 수 없이 열심히 자랄 것입니다.

엄마 : 성수야, 받아쓰기하자.
성수 : 싫어. 싫어. 하기 싫어.
엄마 : 이제 학교 갈 텐데 공부해야지.
성수 : 학교 가도 받아쓰기해?
엄마 : 그럼, 하지.
성수 : 그럼 엄마가 좋아하는 하버드 대학 가도 받아쓰기해?
엄마 : 하버드 대학 가면 받아쓰기보다 더 어려운 공부하지.
성수 : 어! 받아쓰기보다 더 어려운 공부가 있어?

엄마 : 성수야, 너 그렇게 공부 못하면 커서 아무것도 못 해.
성수 : 엄마는 학교 다닐 때 공부 잘했어?
엄마 : 그럼, 잘했지.
성수 : 그런데 왜 엄마는 박사도 안 되고, 선생님도 안 되고 아무것도 안 됐어?

일곱 살 성수는 이렇게 날마다 공부하란 말, 듣기 싫은 말을 노래하듯 하는 엄마는 어렸을 때 공부를 잘했을까 못했을까 궁금해졌겠지요. 지금까지 유치원에 30년 넘게 있었지만, 어릴 때 공부 못했다는 엄마는 본 일이 없습니다. 성수 엄마 대답도 뻔한 거지요. 그러니 우리 성수, 공부 잘했으면 박사나 선생님이 됐어야지 왜 아무것도 안 됐느냐고 엄마한테 따지듯이 묻습니다. 성수가 보기에, 엄마가 노래하듯 말한 '박사'나 '선생님'이 아닌 '엄마'가 된 것은 아무것도 안 된 것입니다.

교육청에 부모 교육을 하러 갔습니다. 한 시간쯤 일찍 간 김에, 앞 시간에 하는 강의를 듣게 되었는데 강의 끝자락쯤에 이런 말을 합니다.

"우리 아이들이 꿈을 크고 높게 갖고 자라게 해야 합니다. 크고 높은 꿈을 갖고 자라게 하려고 나는 유치원 다니는 우리 손녀딸한테, 언제나 '박사'라고 부릅니다. '황 박사님, 유치원 잘 갔다 왔어? 황 박사는 저녁 먹었어?' 이렇게요."

강의하는 그 교수님이나, 김동진이네 할아버지나, 김성수네 엄마나, 어른들은 다 자기 아이가 그렇게 자랐으면 하는 바람이 가득합니다. 그것이 아주 크고 높은 꿈이라고 하면서요.

김영욱은 목욕을 싹 하고 나와서 수건을 목에 걸더니, 아주 멋있게 폼을 잡고 서서는 자랑스럽게 말합니다.

"엄마, 나 좀 봐."

"그게 뭔데?"

"어, 공사장 아저씨."

공사장 아저씨는 무슨 일을 합니까? 하루 종일 흙장난을 하잖아요. 사람이 죽으면 흙이 되어서인지, 아이들은 흙장난을 또 그렇게 좋아합니다. 하루 종일 삽차를 끌고 다니면서 흙을 푸고, 나르고, 토닥거리는 공사장 아저씨들을 아이들은 시간 가는 줄 모르고 지켜봅니다.

그래서 김영욱이 품은 가장 크고 높은 꿈은 공사장 아저씨입니다. 공사장 아저씨가 되어 마음껏 흙장난을 하면서 사는 게 가장 큰 꿈입니다.

동진이 할아버지나 성수 엄마는 아이들이 판사나 박사가 되었으면 하고 바랍니다. 그래서 날마다 공부를 열심히 해야 한다고 다그칩니다. 아이들은 판사나 박사가 뭔지도 모르고, 그래서 하나도 되고 싶지 않은 일입니다. 되고 싶지도 않은 판사, 박사가 되려고 공부를 열심히 할 까닭이 없지요.

아이들이 하고 싶어 하는 작은 차 운전, 공사장 일을 어른들은 "아이고, 이 녀석아, 꿈이 커야지." 하면서 우습게 알고 업신여깁니다. 그러니 아이들도 점점 그렇게 알아 갑니다. 그러니 김성수가 "그런데 엄마는 왜 박사도 안 되고 선생님도 안 되고 아무것도 안 됐어?" 합니다. 이 세상에서 그 누구도 대신할 수 없는 엄마 일, 모든 가치 있는 일들을 우습게 생각하게 가르칩니다.

작은 차 황 기사님, 공사장 아저씨가 되는 꿈은 판사보다도 박사보다도 선생님보다도 더 크고 높은 꿈입니다. 아이들이 되고 싶은 꿈, 가장 크고 높은 꿈이 무럭무럭 자라도록 도와주어야 합니다. 아이들은 이렇게 하고 싶은 일을 하면서 살려고 오늘도 열심히 자랍니다.

어른들은 왜 말이 많아?

강윤: 어른들은 왜 말이 많아?

엄마: 어른들이 말이 많아?

강윤: 응.

엄마: 어른들이 무슨 말이 많은데?

강윤: 짜증내는 말, 화내는 말, 아이스크림 안 사준다는 말.

여섯 살 최강윤

덧붙임

마주이야기가 궁금해요

| 덧붙임 |
'마주이야기'가 궁금해요

　박문희 선생님은 마주이야기 교육을 널리 알리는 일이라면 어디든 마다 않고 달려가 열정 넘치게 이야기보따리를 풀어 놓아요. 그때마다 엄마들이 많은 질문을 합니다. 그 질문과 답을 모았습니다.

●● **마주이야기 공책은 왜 쓰나요?**
　마주이야기 공책은 아이들 말을 더 들어주려고 씁니다. 말한 것을 글자로 담아 놓지 않으면 아이가 한 말은 시간이 흐르면서 사라집니다. 아이 말을 평생 들어주려고 마주이야기 공책을 씁니다. "어머, 이 말 대단하다. 꼭 기억해 뒀다가 공책에 써야지." 하면 어느새 아이들 어깨가 으쓱 올라갑니다. 아이들은 다른 사람이 자기 말을 소중히 여겨준다는 것을 금방 알아채거든요. 이렇게 아이의 모든 것을 들어주고 알아주면 아이의 어린 시절은 즐거움으로 꽉꽉 채워져 어려움을 이기는 힘이 됩니다.

●● **마주이야기 공책에 어떤 말을 쓸까요?**
　어떤 말을 쓰냐고요? 아이 입에서 터져 나온 말은 다 써야지요. 그리고 아이와 말한 다른 사람들 말도 다 써야지요. 그대로 써야지요. 그런데 여기서 문제는 칭찬받을 만한 착한 말만 골라 쓰려는 사람들이 있는데요. 마주이야기 교육에서는 아이가 자라면서 즐거웠던 일, 신기했던 일, 놀라웠던 일부터 해서 답답하고 억울하고 분하고 창피했던 일까지 다 쓰는 것입니다.

어떤 이야기를 쓰면 좋을까 궁금할 때, 마주이야기 시를 모은 《침 튀기지 마세요》《튀겨질 뻔 했어요》(고슴도치)를 읽어 봐도 좋고, 《맨날맨날 우리만 자래》(보리)처럼 마주이야기를 노래로 만든 것을 들어 봐도 좋아요. 다른 아이의 마주이야기를 읽고 그 마음을 알아주려고 하다 보면 우리 아이가 하는 말도 자연스레 마주이야기로 쓰고 싶어집니다. '왜 나는 이런 말을 마주이야기 공책에 쓸 생각을 못 했을까?' 할 거예요.

●● 마주이야기 공책, 어떻게 써야 하나요?

학부모님들은 글쓰기를 아주 두려워합니다. 학교 다닐 때 글 쓰는 시간이 힘들었던 만큼 겁을 냅니다. "마주이야기 교육하려면 글 써야 해요? 저 글 못 쓰는데……." 하면서, 아무리 좋은 교육이라도 못 하겠다는 듯 뒤로 물러섭니다.

그런데 마주이야기 교육은 글자만 알면 누구나 쓸 수 있습니다. 돈도 들지 않습니다. 학교 다닐 때 글쓰기 하듯이 하지 말고 아이와 주고받은 말을 그대로 쓰세요. 아이가 한 말인지, 누가 한 말인지만 알아볼 수 있게 극본 쓰듯이 쓰면 됩니다.

태웅 : 짜증나!

아빠 : (처음 쓰는 말이라 놀라서) 태웅아, 짜증나는 게 뭐야?

태웅 : 화나는 거지.

아빠 : 화나는 게 뭔데?

태웅 : 마음속에 심장이 커지는 거야. 심장 속에는 도깨비가 있어. 그래서 화나면 마음속의 도깨비가 엄청 커지는 거야.

다섯 살 윤태웅, 짜증나는 거와 화나는 것에 대해서 스스로 알아낸 것이 놀랍습니다. 그런데 태웅이가 왜 짜증이 났는지 알 수 없습니다. 아이 말로 다 나타낼 수 없는 것을 괄호 속에 쓰면 자세한 상황을 알 수 있어서 아이 말을 들어주고 알아주는 데 도움이 됩니다. 그러니 아이가 말을 했을 때의 상황이나 말투, 행동도 괄호 속에 적어 주세요. 아이의 몸짓도 또 다른 표현이에요.

●● 마주이야기, 이렇게 써도 되나요?

재성 : (그림을 그리다가) 엄마도 수영장 한번 그려 봐.

엄마 : 엄마는 그림 못 그린단다.

재성 : 엄마도 할 수 있어. 그려 봐.

엄마 : 못 그린대두 그러는구나.

재성 : 그려 봐잉.

엄마 : 너나 그리렴.

재성 : 아유 그려 봐. 엄마 그림 그리는 거 나도 보고 싶어. 내가 그린
         거만 보고, 엄마가 그린 건 안 보여 주고.
엄마 : 엄만 그림은 아주 젬병이란다. 너나 그리거라.

 아주 고상하고 교양 있는 말만 하면서 사는 엄마처럼 보이지요? 아이와 이야기할 때 말끝마다 '~단다.' '~구나.' 이렇게 썼지요? 동화 작가들이 이야기 속 여자 인물들 말투를 이렇게 교양 있고 고상한 말투로 해 놓은 것이 많아서 그렇습니다. 하지만 실제로 이런 말만 하고 사는 사람은 거의 없습니다. 말을 이렇게 했으면 이렇게 써도 되겠지만, 말을 이렇게 하지 않았으면서 이렇게 쓰는 것은 문제입니다. 이렇게 글을 쓰면 아이는 말을 거칠게 했어도 글은 고상하게 바꿔서 써야 되는 것으로 잘못 알게 됩니다. 그래서 거짓 글을 쓰게 되고, 거짓 글을 쓰는 게 재미없으니까 글쓰기를 싫어하게 되고, 이러다 글벙어리가 되기에 그렇습니다.

명선 : 엄마! 왜 해가 지는 거예요?
엄마 : 응, 지구가 자전하기 때문이지.
명선 : 자전이 뭔데?
엄마 : 자전이라고 하는 건 밤과 낮이 생기게 하는 거야. 또 하루하루가
         지나가는 것도 지구의 자전 때문에 생기는 현상이야.
명선 : 엄마! 그럼 밤이 되면 왜 어두워져요?
엄마 : 해는 동쪽에서 떴다가 서쪽으로 지는데, 해가 모습을 감추게 되
         면 밤이 되어 어두워지는 거란다. 그리곤 달이 떠오르게 되구.

이 마주이야기에서 아이는 그저 엄마한테 물어보기만 하고, 엄마 말이 마주이야기의 중심을 이루고 있습니다. 이러니 아이 말을 들어주고 알아주고 감동해 줄 거리가 없습니다. 이렇게 아이들을 위한다면서 팔을 걷어 부친 사람들이 하는 마주이야기를 들어 보면요, 오히려 어른 말이 뼈대가 되거나, 그렇지 않으면 잔소리 살이 너무 많이 쪄서 아이들을 힘들고 지치게 하는 마주이야기가 많더라고요.

자상하게 대답해 주는 것보다는 아이가 스스로 답을 찾아갈 수 있게 "글쎄, 왜 해가 질까?" 하고 되물어 주어 아이 스스로 생각하고 말하게 해 줘야 합니다. 그리고 부모님은 그저 아이 말에 맞장구쳐 주면 되는 것입니다.

마주이야기에서 뿐만 아니라 집에서나 바깥에서, 교육 마당에서나 문학에서나 언제 어디서나 아이 말은 뼈, 어른 말은 살이 되어야 합니다. 그것이 바로 아이가 잘 자라도록 돕는 일입니다. 아이들 말이 뼈대가 되는 마주이야기 교실에서, 아이들은 다 싱싱하고 잘나고 자신만만합니다.

●● 마주이야기는 언제 쓰는 게 가장 좋을까요?

아이 말은 아이가 말했을 때 곧바로 써야지 나중에 쓰려면 어렵습니다. 나중에 쓰려고 하면 이렇게 써도 아이가 한 말 그대로가 아니고, 저렇게 써도 뭔가 빠진 것 같을 때가 많습니다. 우리 아이가 하고 싶어서 마구 말을 할 때, 그때 써야 말맛이 살아납니다. 그때를 놓치고 나중에 쓰면 말할 때의 그 살아 있는 말맛이 나지 않아서 답답해집니다. 이러니 아이 말은 곧바로 쓰는 게 가장 좋지요.

● ● 아이가 한 말을 어떻게 다 기억해요?

기억! 기억도 필요해서 하는데, 그동안 아이 말을 누가 두 번 다시 들어주려고 했나요? 또 아이들 말을 귀담아 들어주면서 글자로 담아 놓으려고 한 일이 있나요? 이러니 아이 말을 기억할 가치도 없는 말로 여기고 버린 세월만큼 기억하기 어려울 것입니다.

앞에서도 말했듯이 아이가 말했을 때 곧바로 써야 굳이 기억하지 않아도 잘 쓸 수 있어요. 그런데 우리 삶이 그렇게 아이 말을 바로바로 쓸 수 있을 만큼 한가하지 않습니다. 바로 쓰기 어려울 때는 짧게라도 적어 두세요. 강신선이가 한 말, "어려운 것도 자꾸 하면요, 잘해지구요, 쉬워지구요, 재미있어져요." 가운데서 중요 낱말의 첫째 말, '어, 자, 잘, 쉬, 재' 이렇게라도 써 놓으면 나중에 정리할 때 도움이 됩니다. 신문 쪼가리나 달력 여기저기에 자꾸 써 놓아야 나중에 말맛을 살려 쓸 수 있습니다.

적어 둘 수 없을 때는 아이와 나누어 기억하는 방법도 있어요. "방금 한 말 마주이야기로 쓰면 좋겠다. 기억해 뒀다 나중에 알려줘." "아까 엄마랑 이야기했을 때 뭐라고 그랬지? 참 좋은 말이었는데." 하고 아이한테 말해 보세요. 아이도 자기 말을 기억하려고 애쓰는 부모님 모습에 행복해할 거예요.

● ● 아이 말을 다 들어주면 버릇 나빠지지 않을까요?

아이들 말을 들어주자 하니까 무조건 '버릇'이란 말이 나오는데요. 말을 안 듣는다고 하면 언제나 아이들이 어른 말을 안 듣는 것만 생각하시지요? 이번에는 바꿔 놓고 한번 생각해 보자고요. 다섯 살 채규진이 "내가 왜 청개구리야? 엄마가 내 말 안 들으니까 엄마가 청개구리지." 합니다. 하하하! 처음 들어 보는 말입니다. 위의 질문을 아이가 한다면 "무조건 엄마 말을 다 들어주기만 하면 어떡해요? 그 많은 말을 다 들어주다간 제명에 못 죽을 텐데요." 하겠지요?

아이들 요구는 뭐 사 달라는 것부터, '이 닭기 싫다, 더 자고 싶다, 텔레비전 보고 싶다'까지 다양합니다. 2부에 나오는 '또래 마주이야기로 하는 공부'에서 미니카를 사 달라던 태환이 마주이야기를 보세요. 태환이가 그렇게 미니카를 사 달라고 하지요? 다른 엄마 같았으면 벌써 손이 올라가고 혼내서 두말하지 못하게 했을 텐데, 태환이 어머니는 문제를 풀려고 가게 밖으로 나가고, 집까지 가면서도 태환이가 하고 싶은 말 다 하도록 했습니다. 이렇게 태환이 말을 다 들어주었는데요, 보세요, 미니카를 사 주지 않고도 문제가 풀렸지요? "아유, 말이라도 하고 나니까 시원하네!" 이런 말 가끔 하지요? 문제는 그대로 있지만, 누가 귀담아 들어주기만 해도 시원하다는 말입니다. 아이들 문제도 마찬가지입니다.

●● 우리 아이는 말을 너무 안 해요

아이가 말을 잘하게 하려면 먼저 아이 말을 들어줘야 합니다. 엄마, 아빠가 아이 말을 귀담아 들어주면서 맞장구쳐 줘야 한다는 말입니다.

우리 교육은 말을 안 하는 아이한테 말을 잘하게 하려고 이것저것 가르치려 들지요. 발표력이니 자신감이니 하면서 웅변, 동화 구연, 동시 낭송 같은 것을 가르치면서, 아이가 거짓으로 꾸며서 말하게 하지요. 마주이야기 교육에서는 이런 가르치는 교육을 병 주고 또 병 주는 교육이라

봅니다.

가르치려 드는 교육에서는 아이가 말하고 싶을 때는 입을 닫으라고 하고, 말하기 싫을 때는 자꾸 말하라고 해요. 아이가 말하고 싶어 하지 않을 때는 억지로 말을 시키지 마세요. 나중에 아이가 말이 하고 싶어서, 참을 수 없어서 터져 나오는 말을 열심히 들어주고 맞장구만 쳐 주세요.

아빠 : 서진아, 세상이 내 맘대로 되면 좋겠다. 그치?
서진 : 아니, 내 맘대로 하면 안 되지.
아빠 : 왜? 내 맘대로 다 할 수 있잖아.
서진 : 아니, 그럼 들어줄 거리(공부)도 안 하고, 일도 안 하고, 그럼 직업도 없을걸. 그럼 가난해지고, 거지가 될지도 몰라. 그러니까 내 맘대로 하면 안 되지.

일곱 살 서진이 마주이야기를 보세요. 아빠는 서진이한테 왜 마음대로 다 하면 안 되는지 가르치려 들지 않습니다. 그냥 서진이 말을 들어줍니다. 그러니 서진이는 말하는 것을 겁내지 않고 하고 싶은 말을 더 잘하게 되는 거지요.

●● 우리 아이는 하루 종일 말하는데 다 들어주려니 지쳐요

아이가 말이 많은 것은 제대로 들어주지 않아서 그렇습니다. 들어주는 일이 가르치는 일보다 어렵습니다. 들어주는 게 이렇게 힘든데 하루 종일 선생님 말, 엄마 말을 잘 들어야 하는 아이들은 어떨까요?

아이들은 어렸을 때 말을 많이 하고 자라야 합니다. 그래야 할 말, 안 할 말, 못 할 말을 가려서 말을 잘할 수 있는 힘이 길러집니다. 아이가 '말을 하면 뭐해. 말을 말아야지.' 하면서 아예 말을 안 하려고 하기 전에, 아이 말을 많이 들어주세요. 엄마가 건성으로 들으면 아마 아이는 말이 더 많아질 것입니다. 문제가 풀릴 때까지 하루 이틀 사흘 일주일 내내 말을 할 테니 얼마나 말이 많아지겠어요.

아이가 말을 하면 열심히 맞장구를 쳐 주면서 들어 보세요. 들어주기 힘들다고 했지요? 지친다고 했지요? 지금까지 아이들은 엄마가 하는 말, 선생님이 하는 말을 듣기 싫어도 매를 맞으면서까지 들었어요. 어른들도 아이 말을 들어주세요. 그리고 알아주세요.

●● 아이가 마주이야기 공책 쓰는 것을 의식하고 말해요

아이가 자연스럽게 말을 잘하다가도 엄마가 마주이야기 공책에 받아 적을 때는 말을 어색하게 한다는 말인데요. 아이가 자연스럽게 말한 것을 적어 주세요. 그게 아이의 진짜 말이니까요.

마주이야기 공책을 의식하고 말하는 아이들은 벌써 잘못된 교육에 익숙해진 경우가 많습니다. 왜 초등학교 아이들은 하나같이 책 읽듯이 "저는 ○○초등학교 ○학년 ○반 ○○○입니다." 이렇게 자기소개를 하잖아요. 초등학교 1학년이 된 배현경이 하루는 학교를 갔다 오더니, "엄마! 이름을 물으면, 유치원에서는 '배현경이에요.' 해도 되고 '배현경인데요.' 해도 되고 그렇잖아. 그런데 학교에서는 '배현경입니다.' 이렇게 해야 된다."고 하더랍니다. 글이 말을 잡아먹은 꼴입니다. 정말 한심스런 교육이지요.

우리가 지금까지 해 온 말하기 교육은 글자를 달달 외우는 교육이었습니다. 아이들이 하는 자연스러운 말, 아이의 모든 것이 가득 들어 있는 알맹이 말은 쓸데없는 말로 다 버리고, 아이가 하고 싶지 않은 말, 재미도 없는 남의 말은 달달 외워서 책 읽듯이 말하게 합니다. 그렇게 거짓으로 말한 것을 잘했다고 상을 주니, 이런 말투가 잘하는 것으로 아예 자리를 잡았습니다. 말을 말하듯이 하고, 말하듯이 글을 쓰고, 말하듯이 글을 읽도록 해야지요.

엄마가 마주이야기 공책에 아이가 말한 그대로 쓰는 것을 자꾸 보여 주면, 아이도 자연스레 '아, 내 말 그대로 글이 되는구나.' 하고 알고, 자연스럽게 말하게 될 거예요. 이렇게 아이들의 자연스러운 말을 교육 안으로 불러오자고요.

●● 우리 아이 말에는 재미있는 말이 없어요

앞서 말했던 태환이 마주이야기를 다시 보세요. 태환이 엄마 자리에서 보면 다 재미없는 말입니다. 엄마 말도 안 듣고 돈도 없는데 사 달라고 조르니 재미고 뭐고 화만 나고 지치지요. 마주이야기고 뭐고 쓸 힘이 안 나지요.

그런데 아이가 말 안 들은 것, 재미가 하나도 없는 것도 써 놓고 보니까 보는 사람들은, '어마! 우리 애만 그렇게 사 달라는 줄 알았더니 태환이는 더 말을 안 듣네!' 하면서 공감합니다. 위로를 받습니다. 그리고 태환이가 "구경만 할게요." 할 때는 함께 감동하게 되지요. 우리 아이가 그렇게 말을 안 듣고 미운 짓을 하는 것처럼 보여도 엄마가 들어주고 또 들어주면 끝내는 이런 감동스런 마주이야기를 쓸 수 있게 됩니다.

그리고 재미있다는 말이 뭡니까? 무서운 이야기는 밖에 못 나갈 정도로 무서워야 하고, 슬픈 이야기는 눈물이 쏟아질 정도로 슬퍼야 하고, 말 안 듣는 아이 이야기는 정말 그 누구보다도 말 안 듣는 아이 이야기가 재미있는 이야기입니다.

●● 정말 들어주는 것만으로 아이가 바뀔까요?

여섯 살 호영이는 또래들을 얼마나 때리고 못살게 구는지! 마주이야기 잔칫날, 호영이가 앞에 나가서 "저는 이호영인데요." 하니 엄마, 아빠들이 '어마, 쟤구나! 우리 애가 쟤 때문에 그렇게 유치원 가기 싫다고 했는데……' 하는 듯이 봅니다.

하루는 호영이가 계단 난간을 붙잡고 가만히 있기에, 뭔가 이상해서 "호영아, 왜?" 하니 대답도 없이 엉거주춤 그대로 있습니다. 그래서 혹시나 싶어 내가 먼저 "나 오늘 아침 설사했는데, 설사는 내 맘대로 안 되더라. 호영이도 설사했니?" 하니 고개만 끄덕입니다.

아무도 모르게 화장실로 데려가 문을 잠그고 깨끗이 씻어 주고 새 속옷을 입혀 보냈습니다. 그 다음부터 우리 호영이 난폭한 행동이 안 나옵니다. 순한 양이 되었습니다. '똥 한 번 치워 주고 이렇게 아이가 바뀐다면 날마다 똥 치우는 일을 마다하랴!' 싶습니다. 만약 똥을 치워 주면서 "아유 냄새! 진작 말을 했어야지!" 이러면서 화만 내고 호영이 말을 들어주지 않았다면 호영이가 달라질 리가 없겠지요.

이렇게 엉거주춤 난간을 붙잡고 있는 몸짓도 문제를 도와 달라는 소리 없는 말입니다. 이런 소리 없는 말까지 들어주려고 하는 것이 마주이야기 교육입니다.

●● 유치원에서는 그 많은 아이들 말을 어떻게 다 들어줘요?

제가 들어주는 것을 으뜸으로 하는 마주이야기 교육을 한다고 하면, "선생님이 그 많은 아이들 말을 어떻게 다 들어줘요?" 하고 고개를 갸우뚱합니다. 사실 모든 아이들 말을 다 들어주기가 참 어렵지요. 그래도 들어줄 수 있는 만큼은 들어주려고 합니다. 바빠서 미처 못 들어주었을 때는 아이 집에 전화를 해서 "아까 바빠서 못 들었어. 무슨 말 하려고 했어?" 하고 물어보거나, 다음 날이라도 꼭 들어주려고 합니다. 그리고 더 급한 일이 있어 못 들어주었다면 그것을 아주 미안해하면서 낮은 몸가짐으로 아이들을 만납니다. 아이들은 이런 선생님의 소리 없는 말도 다 알아듣습니다. 마주이야기 교사는 아이들 말이 많다고 "왜 이렇게 말이 많아?" 하면서 짜증을 낼 것이 아니라, 들어주지 못한 만큼 미안해해야 합니다. 그럼 아이들도 그 마음을 다 압니다.

이렇게 아이들 말을 놓치는 경우가 많으니 아이들 말을 조금이라도 더 들어주려고 마주이야기를 공책에 쓰고, 집에서 또래들 말을 읽어 주기도 하고, 마주이야기 잔치도 하고, 마주이야기 시 전시회도 하는 것입니다. 열심히 아이들 말을 들어주고 들어줘도 언제나 다 못 들어주는 것 같습니다. 그래서 마주이야기 교육에서는 어떻게 하면 아이들 말을 더 들어줄 수 있을까를 알아내려고 애쓰고 있습니다.

●● 자꾸 저 혼자만 말하려는 아이 말도 다 들어줘야 하나요?

아이들은 하고 싶은 말을 하고 싶을 때 하려고 합니다. 또 말은 하고 싶을 때 바로 그때 들어줘야지 그때 들어주지 않으면 아이는 답답해하고, 또 그때가 지나면 그 말을 하고 싶어 하지도 않습니다. 그리고 그렇게 하고 싶던 말을 잊어버리기도 합니다. 그러니 될 수 있으면 아이들이 말을 하고 싶을 때 들어줘야 합니다.

그런데 여러 아이들 가운데서는 저 혼자만 말하려고 하는 아이가 있습니다. 다른 아이들 입을 막으면서까지요. 그럴 때는, "○○가 먼저 말을 했으니까 ○○가 한 다음에 하자." 한다든가 "우리 다 함께 ○○ 말부터 들어 보자." 이렇게 기다리게 해 주세요. 그리고 기다리다 하고 싶은 말을 다 하지 못한 아이 말은 선생님이 나중에라도 어떤 말이 하고 싶었는지 꼭 들어주도록 해야 합니다.

●● 솔직하게 쓰려니 부끄럽고 창피해요

일곱 살 맹진희는 친구들 앞에서 집에서 있었던 일들을 다 말로 풀어 냅니다. "우리 엄마, 아빠 아침부터 싸워. 내가 싸우지 말라고 하면, 니가 상관할 일 아냐 그래서 그냥 책 봐." 이렇게 말하는 것을 방송국에서 와서 촬영을 했습니다. 다음 날 아침에 방송된다고 합니다. 진희 엄마가 알면 뭐라고 할 수도 있겠다 싶어 전화를 했습니다. 그랬더니 정말 진희 엄마는 "안 돼요. 안 돼. 부부 싸움한 일이 동네방네 소문나면 창피해서 안 돼요." 하면서 안 된다고 펄펄 뜁니다.

우리는 다들 말싸움도 가끔 하면서 삽니다. 그런데도 고상한 척, 교양 있게 사는 척, 문제를 안으로 안으로 숨깁니다. 그렇게 문제를 키우다가 더 큰 사고가 나곤 합니다. 모든 문제는 일찌감치 드러나야 합니다. 그래야 이런 문제를 우리만 안고 있는 것이 아니고 우리 모두가 안고 있는 문제라는 것을 알게 됩니다. 그것만으로도 위로를 받고, 또 이런 문제를 안고 사는 사람들끼리 머리를 맞대고 풀면서 더 나은 삶을 살아가게 됩니다.

유치원에서 있었던 안 좋은 일도 마찬가지로 드러내야 문제가 뭔지 알고 풀 수 있습니다. 아이들을 집에 데려다 주는 차 안에서 윤선희 선생님이, "경찰차가 우리 유치원 차를 따라오네." 하니 강동현이가 "경찰차가 선생님 잡으러 오겠죠. 선생님 잘못한 거 많잖아요. 맨날 화내고 소리 지르고, 더 놀고 싶은데 치우라 그러고, 모이는 시간에 나도 말하고 싶은데 선생님 혼자만 말하고, 밥 좀 늦게 먹는다고 나가서 먹으라고 그러고." 합니다. 이렇게 강동현이 숨도 쉬지 않고 말한 것을 윤선희 선생님이 귀 담아듣고 동현이 마주이야기 공책에 그대로 씁니다.

동현이가 선생님한테만 말했으니 그냥 지나쳐도 될 텐데 선생님이 마주이야기 공책에 써서 엄마, 아빠도 다 알게 하고, 또 더 많은 사람이 볼 수 있게 책으로도 엮어서 더 많은 사람이 읽게 한 것은, 강동현 말을 더 들어주면서 '니 말이 맞다, 선생님이 고치도록 할게.' 하는 마음을 전하기 위해서입니다.

● ● 아이가 안 좋은 말을 해도 그대로 써야 하나요?

요즘 일곱 살 김민수는 이광진이가 아주 밉습니다. 이제까지 민수를 좋아하던 남누리가 요즘은 이광진만 보면서 "안녕!" 인사하고, 이광진만 좋다고 하기 때문입니다. 그래서 민수는 광진이가 미워서 견딜 수가 없습니다.

휴지통을 보니 '이광진 바보 똥개 멍청이 똥개 바보!' 이렇게 쓴 쪽지가 보입니다. 누가 이렇게 안 좋은 말만 써 놓았을까? 아이들이 "이거 김민수가 쓴 거예요." 합니다. 마음속에 쌓이는 이광진에 대한 미움을 겉으로 청소해 낸 말입니다. 마주이야기 교육에서는 좀 거친 말도, 안 좋은 말버릇도 다 마음을 청소한 쓰레기 말이라고 봅니다. 이런 말을 안 했으면, 민수 마음속에 처덕처덕 때가 되어 끼어 있었을 것입니다. 이런 말을 해서 마음속이 깨끗이 청소가 된다면, 더 바랄 게 뭐가 있겠습니까?

다섯 살 권규린이 "현종이 짜아식." 합니다. 엄마가 그런 안 좋은 말 어디서 배웠느냐고 하니, 규린이는 "아빠가 '현종이 짜아식.' 그랬잖아." 합니다. '짜아식'을 아빠가 나쁜 뜻으로 말한 게 아니고, 현종이가 귀엽고 사랑스러워서 한 말인 것을 알기에 규린이도 그런 뜻으로 쓰는 것입니다. 같은 말이라도 이렇게 때에 따라 느낌이 다릅니다. 규린이 말을 마주이야기 공책에 쓰니 그 말뜻에 대해 이야기를 나눌 수 있습니다.

아이가 진짜 안 좋은 말을 쓴다면, 그것은 아이의 삶을 어떻게 가꾸느냐에 따라서 달라질 수 있습니다. 그러니 그런 말도 마주이야기 공책에 꼭 써야 무엇을 바꿔 나갈지 알 수 있겠지요. 아이 입에서 터져 나온 말은 꼭 해야 할 까닭이 있어서 하는 말이니까 어떤 말이든 그대로 써야 합니다.

●● 아이가 마주이야기를 공책에 쓰지 말라고 해요

일곱 살 백하은이는 아빠가 마주이야기를 쓸 때마다 아빠 어깨 너머로 얼굴을 들이밀고는 뭐 쓰나 보고 일일이 이건 써라, 이건 쓰지 마라 한대요.

2부에 나오는 '안 돼! 다른 애들이 알면 창피해'에서 다희 이야기 읽어 보셨지요? 그렇게 다희 문제를 드러내지 않았다면 응초는 다희 마음도 몰랐을 테고, 다희도 계속 좋아하는 마음은 부끄럽고 창피해서 숨겨야 하는 일이라고 알고 자랐을 것입니다. 그런데 다희 마주이야기 "나는 안 응초 좋아하는데, 안응초는 이하얀이만 좋아해."를 다 말하고 나니, 응초도 "나 이다희 좋아해." 해서 문제가 술술 풀렸습니다.

이런 문제를 같은 반 아이들과 풀면서 지내다 보면 좋아하는 것이 부끄러울 것도 창피할 일도 아니라는 것을 알게 됩니다. 좋아하는 감정은 아주 좋은 거라는 것을 알게 됩니다. 이렇게 아이들은 좀 더 자신 있고 당당하게 그때그때 생기는 문제를 드러내면서 풀고 자랍니다.

●● 나이에 따라서 마주이야기 교육도 다른가요?

교육은 끊임없이 보고 듣고 느끼고 생각하고 경험하는 일입니다. 아이들은 보고 듣고 느끼고 생각하고 경험한 만큼 몸과 마음이 자라고, 몸과 마음이 자라는데 따라 말도 더 잘하게 됩니다. 그래서 아이들 말로 하는 교육 과정은 더도 덜도 아니고 아이들 나이에 딱 맞습니다.

유치원 끝나고 집에 가는 차 안에서, 일곱 살 김성준이 신발을 벗어서 바닥을 들여다보더니 "185!" 합니다. 옆에 있던 유종명이 "난 190." 뒤에 있던 김도현이 "난 205." 합니다. 모두 일곱 살입니다. 그런데 숫자를 읽을 수는 있는데, 어떤 숫자가 더 큰지를 아직 모릅니다. 성준이는 185와 205에서 가장 큰 숫자 8이 있는 자기 신발이 더 크다고 합니다. 이러니 김도현이 "야! 205의 200이 크냐, 185의 100이 크냐?"고 묻습니다. 우리 도현이는 이 정도 수준입니다. 성준이나 종명이는 같은 나이지만 도현이 수준은 아직 아닙니다. 그렇지만 누구 신발이 더 큰지를 간절히 알고 싶어 합니다. 숫자 공부 할 때가 되어서 그렇습니다.

같은 차를 타고 있던 여섯 살들도 형들이 말하는 것을 듣습니다. 보고 듣는 게 공부이니, 여섯 살들도 신발 바닥을 들여다보는데 덩어리 숫자로는 읽지 못하고, '일칠오'니 '일칠공'이니 하면서 숫자를 하나하나 떼어서 읽습니다. 같은 차에 타고 있던 다섯 살들도 신발 바닥을 들여다봅니다. 아는 숫자가 나오니 반가워서 "여기 이거 '일' 자다." 하면서 자랑스럽게 보여 줍니다.

나이에 따라서, 지금까지 보고 듣고 느끼고 생각하고 경험한 대로 아이들마다 공부 수준이 다 다릅니다. 이렇게 다 다른 아이들 입에서 터져 나온 말이 아이들 나이에 꼭 맞는 마주이야기 교육 과정이 됩니다.

●● 마주이야기 교육에서는 그림을 어떻게 가르쳐요?

형준 : 나 지금 줄넘기 99개 했어.
승언 : 우와 진짜 잘한다.
선생님 : 동욱이는 67개 했는데, 형준이는 99개네! 줄넘기 대장!

형준 : 우리 반에서 내가 줄넘기 제일 잘해. 줄넘기 챔피언.
선생님 : 형준아, 지금 마주한 말, 형준이가 한 말, 승언이가 한 말, 선생님이 한 말. 말한 차례대로 글자로 그려 보자. 글자 모르는 건 선생님한테 물어봐.

아이가 마주이야기를 글자로 다 표현해 내면, "말한 것을 그대로 아주 열심히 잘 썼네! 이제 형준이가 줄넘기 99번 하는 그림, 우리 반에서 줄넘기를 가장 잘하는 그림 그려 보자." 하고 마주이야기를 그림으로 자연스럽게 이어지게 합니다.

아이들 말을 더 들어주려고 아이들이 한 말을 글자에 담아 놓듯이, 그림도 그리도록 합니다. 아이들은 하고 싶은 말을 하듯이, 나타내고 싶은 만큼 그림을 그립니다. 우리가 할 일은 아이가 "이거 봐. 이거!" 하면서 혼자 보기 아까워서 함께 봐 달라는 거, 함께 봐 주면서 감동하는 것입니다. 마음이 급해서 답답해하면서 "이렇게 그리는 거야." 하면서 가르쳐 주면 아이는 자기가 말하고 싶은 것 그리기를 멈춥니다. 그림 그리기에서도 가르치기보다 들어주고 알아주고 감동해 주어야 합니다. 그렇게 하는 그림 그리기 교육은 아이들을 더 잘 그리게 하고 더 잘 자라게 하는 으뜸 교육 방법입니다.

●● 집에서 마주이야기 교육을 하고 싶을 때는 어떻게 해요?

집이든 어디든 마주이야기 교육을 하려면, 먼저 아이 말을 귀담아 들어주면서 아이 말을 공책에 담아 놓는 일을 해야 합니다. 공책에 아이 말을 써 놓아야, 아이 말을 얼마나 귀담아 들어줬는지를 알 수 있습니다. 아이 말을 쓰지 않으면, 아이한테 문제가 생겨도 왜 그런지 모릅니다. 그러니 문제를 풀 수도 없습니다.

아이 말을 귀담아 들어주다 보면, 아이 말을 들어주는 힘이 생깁니다. 이렇게 열심히 들어주고 또 마주이야기 공책에 적은 다음에는, 마주이야기 공책을 친척이나 아이 가까이 있는 사람들이 함께 읽고 감동해 주도록 합니다. "어마! 민서야, 엄마한테 '오늘 말 안 들을 거야.' 그랬어?" 하면서 들어줘야 합니다.

그리고 아이 말을 글자로 쓰고 그림도 그려서 벽에다 예쁘게 붙여 주세요. 집에 드나드는 사람들이 다 보고 읽을 수 있는 가장 좋은 자리에 붙여 놓으세요. 또 친척 모임이나 식구들이 나들이를 갔을 때, 여러 사람들 앞에서 아이와 한 마주이야기를 들려주세요. 흔히 그런 자리에서는 아이들한테 노래나 춤을 시키는데 그 대신에 아이 마주이야기를 들려주면 새로운 재미도 있는 감동스런 자리가 될 것입니다. 아이가 한 말은 아이가, 엄마가 한 말은 엄마가 그대로 합니다. 아이가 하고자 하는 말이 듣는 사람들한테 전달이 안 되면 엄마가 설명을 덧붙여 주세요. 아이 혼자 하는 것은 부담스러운 자리이지만, 엄마가 함께하기에 덜 부끄러워할 거예요.

이렇게 집에서 하는 마주이야기 교육은, 교육 기관에서 가르치고 또 가르쳐도 해낼 수 없던 말하기, 글쓰기 교육의 바탕부터 제대로 시작하게 합니다. 우리 아이가 말을 속 시원히 하며 자라게 되고, 다른 사람 말도 가려들을 줄 아는 힘이 생겨 여러 아이들과 어울려 야무지게 자랍니다.

●● 다 쓴 마주이야기 공책은 어떻게 할까요?

마주이야기 공책은 아이가 열심히 자라는 것을 곁에서 지켜보면서 엄마, 아빠, 선생님이 정성들여 쓴 공책입니다. 마주이야기 공책에는 아이의 모든 것이 다 들어 있고, 아이 둘레 어른들이 아이한테 보내는 사랑이 가득합니다.

마주이야기 공책에 가득한 사랑이 아이가 외롭고 답답할 때 따뜻한 위로가 되어 줄 것입니다. 그러니 다 쓴 마주이야기 공책은 아이가 언제나 볼 수 있는 곳에 두세요. 그래서 아이가 힘들 때 언제라도 펼쳐 볼 수 있게 해 주세요. 그리고 이다음에 아이가 잘 챙길 수 있는 나이가 되었을 때, 아이한테 소중하게 물려주세요. 마주이야기 공책은 아이의 삶을 소중하게 가꿔 줄 어린 시절 역사책이니까요.

●● 마주이야기 잔치는 어떻게 준비하나요?

마주이야기 잔치는 아이 말을 더 많은 사람들이 알아주고 감동해 주려고 하는 거니까 잔칫날에 더 많은 사람들이 와야 합니다. 저기 광주에 사는 이예원 외할머니도, 청주에 사는 이주나 할머니도, 그리고 분당에 사는 이장훈 할아버지도 오시고, 남승민 아빠도 기차 타고 승민이 말 들어 주려고 부산 바람을 몰고 오십니다.

가르치려고만 드는 교육에서는 아이들을 구경꾼 자리에만 두었던 어른들이 마주이야기 잔치에서는 아이들에게 주인공 자리를 돌려줍니다. 상장보다 더 뜻이 깊은 상은, 많은 사람들이 들어주고 알아주고 감동해 주는 것입니다.

마주이야기 잔치는 두 달에 한 번쯤 합니다. 잔치는 15~20명쯤 되는 한 반 아이들이 모여서 하고, 시간은 20~30분쯤 아이들이 지루하지 않을 만큼만 합니다. 다른 유치원 잔치를 보면 큰 무대를 빌려서 100명이 넘는 아이들을 한꺼번에 모아 놓고 두 시간, 세 시간씩 재롱 잔치를 하는데, 이런 잔치는 아이들을 위한 잔치라기보다 선생님들이 가르친 것을 어른들한테 보여 주기 위한 잔치입니다. 잔치 내용도 시간도 아이들한테 맞지 않아 아이들은 지치기만 합니다.

마주이야기 잔치를 하려면 먼저, 아이 마주이야기에서 가장 감동스러운 말을 몇 개 고릅니다. 그 가운데서 어떤 이야기로 잔치를 하면 좋은지 아이와 이야기를 나누어 한 가지를 고릅니다. 그러고 나서 아이와 마주이야기 할 사람이 누구인지, 무슨 물건이 필요한지 준비합니다. 마주이야기에 "이 바지 입기 싫어. 저 치마 입을래." 하는 말이 나오면 말에 나오는 바지와 치마를 준비해서 말할 때 같이 보여 줍니다. 이렇게 하면 듣는 사람이 알아듣기 쉬워 더 재미있습니다.

아이들은 앞자리에 서면 이런 자리가 낯설고 힘들어서 안 하려고 하기도 하고, 한다 해도 천장이나 바닥 저쪽을 보고 합니다. 사람들과 눈 맞추는 것을 아주 부담스러워합니다. 그래서 아이를 앞자리에 세우고 아이와 마주이야기를 해야 하는 엄마나 아빠를 손님들 저 뒤에 서도록 했습니다. 그랬더니 아이가 어쩔 수 없이 엄마, 아빠를 보기 위해 손님들 쪽을 보고 말을 하더라고요. 그리고 자연스레 저만치 있는 엄마, 아빠와 말을 주고받으려니 소리도 커지고요.

이때 아이들은 말을 더 잘 나타내려고 여러 가지 몸짓을 하기도 하는

데, 그것은 그대로 하게 하세요. 일부러 가르치는 몸짓은 말과 어울리지 않아 겉돌지만 이렇게 자연스런 몸짓은 몸으로 표현하는 또 다른 말이지요. 그리고 부끄러워서 손을 입에 넣거나, 다리를 꼬거나, 치마를 자꾸 들어 올리는 몸짓은 많은 사람 앞에 서 본 적이 없기에 낯설어서 나오는 몸짓입니다. 자꾸 앞자리에 서는 일이 많아지면 저절로 없어집니다. 그러니 똑바로 서 있으라고 아이들을 혼내거나 가르치지 마세요.

아무리 준비를 잘하고 연습을 해도 막상 잔칫날이 되어 혼자 앞에 나서면 아이들은 힘들어합니다. 여럿이 함께하면 덜 낯서니까, 처음에는 마주이야기 할 어린이 모두가 앞자리에 나와서 노래나 춤을 추게 해서 어느 정도 그 자리에 익숙해지도록 합니다. 그리고 마주이야기 잔치를 끝낼 때도 아이와 온 식구들이 함께 노래하고 춤추면서 즐겁게 마무리합니다. 이렇게 마주이야기 잔치는 다함께 즐기는 잔치입니다.

그리고 잔치가 끝나도 들어주고 알아주는 일은 끝이 없습니다. 잔치가 끝나고 나가면서 서로서로, "정미야, 엄마는 미워도 내가 예쁘면 사 줘야 돼. 그랬어? 그래서 정미가 예쁜 운동화 샀어?" "주나야, 윤태웅 좋아해? 태웅이도 주나 좋아한다고 그러더라." 이렇게 아이들 말을 들어주고 알아주고 감동해 줍니다. 이렇게 잔치가 끝나고도 아이 말을 들어주는 일은 이어집니다.

●● 초등학생도 마주이야기를 할 수 있나요?

초등학생도 마주이야기를 해야 합니다. 아이, 어른 모두 마주이야기를 해야 합니다. 말을 글로 잘 옮겨 놓으려면 마주이야기로 써야지 글이 살

아닙니다. 남민지는 유치원에서 마주이야기로 자랄 때, 엄마가 "민지야, 사랑해." 하니, "엄마, 이젠 그런 소리 하지 마. 나는 이제 커 가지고 그런 말 안 해도 엄마가 나 사랑하는 줄 알거든." 합니다.

그런데 초등학교 가서 국어 시간에 민지가 쓴 글을 보니, "엄마에게. 엄마, 저를 이렇게 예쁘게 낳아 주셔서 감사합니다. 다음부터 말도 더 잘 듣고 동생과 싸우지 않겠습니다. 오래오래 살아야 되요. 알겠죠? 사랑해요." 하고 썼습니다. 예쁜 말, 착한 말 다 찾아 썼지만, 다른 애들하고 똑같은 글입니다.

지금까지 마주이야기에서 아이들이 하는 말 많이 들어 봤지만 이런 말을 하는 아이는 없습니다. 마주이야기를 쓰지 않으니까 이렇게 뻔한 글이 되는 것입니다. 아마 반 아이들 다 이렇게 똑같이 썼을지도 모릅니다. 그러니 초등학교에서도 마주이야기를 해야 아이들마다 다 다른 깊이 있고 재미있는 교육을 할 수 있습니다.

여덟 살 초등학교 1학년이 된 김희준 마주이야기를 볼까요.

희준 : 엄마, 언제 와요?

엄마 : 다 와 가는데, 마중 나올래?

희준 : 어. 보여 줄게 있거든.

엄마 : 그럼 엄마랑 만나는 데로 조심해서 나와.

희준 : 짜잔. 엄마, 이거 봐. 책(학급 문집) 나왔어.

엄마 : 와! 어디 보자.

희준 : 엄마, 내 꺼부터 봐 봐. 내가 그린 꽃도 보구.
엄마 : 꽃 잘 그렸다. 민들레 그린 거야? 잘 보고 그렸네. 진짜랑 닮았
네. 희준이 삐진 것 같다.
희준 : 나두 아직 다 안 봤는데, 엄마가 계속 보잖아.
엄마 : 미안. 엄마 다 봐 가니까 조금만 더 기다려.
희준 : 내 책인데, 내 꺼거든요!

 이렇게 아이들이 쓴 마주이야기를 보고 희준이 담임 선생님은 머리말에 "마주이야기를 읽으며 난 새로운 사실을 알게 되었어. 너희들이 문집이 나오면 좋아서 부모님께 자랑하고, 같이 읽는 모습을 볼 수 있었거든." 이렇게 아이들 마주이야기를 읽으니까 아이들이 문집을 받고 좋아하는 모습이 보인다고 썼습니다. 마주이야기로 쓰면 모든 것이 환히 보입니다. 교육의 길이 보입니다.
 초등학교에서 글쓰기 지도가 어렵다고들 합니다. 그것은 아이들이 늘 하는 마주이야기를 붙잡지 못해서 그렇습니다. 아이들이 늘 하고 사는 말을 집에서나 교실에서나 어디서든 쓸 수 있어야 아이들이 삶을 가꾸면서 자랍니다. 그래야 말하기, 글쓰기 교육이 제대로 된 길을 갈 수 있습니다.

마주이야기,
아이는 들어주는 만큼 자란다

2009년 4월 15일 1판 1쇄 펴냄 | 2025년 4월 4일 1판 13쇄 펴냄

글쓴이 박문희
편집 백승윤, 선혜연, 신옥희, 심명숙, 심상진, 윤은주, 이은미, 하선영, 한유경 | **디자인** 큐리어스 권석연
제작 심준엽 | **영업마케팅** 심규완, 양병희, 윤민영 | **영업관리** 안명선
새사업부 조서연 | **경영지원실** 차수민
인쇄 (주)로얄프로세스 | **제본** (주)과성제책
펴낸이 유문숙 | **펴낸 곳** (주)도서출판 보리 | **출판 등록** 1991년 8월 6일 제 9-279호
주소 경기도 파주시 직지길 492 | **우편 번호** 10881 | **전화** (031)955-3535 | **전송** (031)955-3533
누리집 www.boribook.com | **전자 우편** bori@boribook.com

ⓒ 박문희 2009

이 책의 내용을 쓰고자 할 때는, 저작권자와 출판사의 허락을 받아야 합니다.
잘못된 책은 바꾸어 드립니다.

값 18,000원 | ISBN 978-89-8428-594-1 03370

보리는 나무 한 그루를 베어 낼 가치가 있는지 생각하며 책을 만듭니다.

이 도서의 국립중앙도서관 출판시도서목록(CIP)은 서지정보유통지원시스템 홈페이지(http://seoji.nl.go.kr)와
국가자료공동목록시스템(http://www.nl.go.kr/kolisnet)에서 이용하실 수 있습니다.
(CIP제어번호: CIP2009000953)